Michèle Jeunet

Méditer une Parole de liberté

Michèle Jeunet

Méditer une Parole de liberté

Catéchèses bibliques et lectio divina

Éditions Croix du Salut

Impressum / Mentions légales
Bibliografische Information der Deutschen Nationalbibliothek: Die Deutsche Nationalbibliothek verzeichnet diese Publikation in der Deutschen Nationalbibliografie; detaillierte bibliografische Daten sind im Internet über http://dnb.d-nb.de abrufbar.
Alle in diesem Buch genannten Marken und Produktnamen unterliegen warenzeichen-, marken- oder patentrechtlichem Schutz bzw. sind Warenzeichen oder eingetragene Warenzeichen der jeweiligen Inhaber. Die Wiedergabe von Marken, Produktnamen, Gebrauchsnamen, Handelsnamen, Warenbezeichnungen u.s.w. in diesem Werk berechtigt auch ohne besondere Kennzeichnung nicht zu der Annahme, dass solche Namen im Sinne der Warenzeichen- und Markenschutzgesetzgebung als frei zu betrachten wären und daher von jedermann benutzt werden dürften.

Information bibliographique publiée par la Deutsche Nationalbibliothek: La Deutsche Nationalbibliothek inscrit cette publication à la Deutsche Nationalbibliografie; des données bibliographiques détaillées sont disponibles sur internet à l'adresse http://dnb.d-nb.de.
Toutes marques et noms de produits mentionnés dans ce livre demeurent sous la protection des marques, des marques déposées et des brevets, et sont des marques ou des marques déposées de leurs détenteurs respectifs. L'utilisation des marques, noms de produits, noms communs, noms commerciaux, descriptions de produits, etc, même sans qu'ils soient mentionnés de façon particulière dans ce livre ne signifie en aucune façon que ces noms peuvent être utilisés sans restriction à l'égard de la législation pour la protection des marques et des marques déposées et pourraient donc être utilisés par quiconque.

Coverbild / Photo de couverture: www.ingimage.com

Verlag / Editeur:
Éditions Croix du Salut
ist ein Imprint der / est une marque déposée de
OmniScriptum GmbH & Co. KG
Heinrich-Böcking-Str. 6-8, 66121 Saarbrücken, Deutschland / Allemagne
Email: info@editions-croix.com

Herstellung: siehe letzte Seite /
Impression: voir la dernière page
ISBN: 978-3-8416-9892-6

Copyright / Droit d'auteur © 2013 OmniScriptum GmbH & Co. KG
Alle Rechte vorbehalten. / Tous droits réservés. Saarbrücken 2013

Sœur Michèle Jeunet, rc

Méditer
une Parole de liberté

Catéchèses bibliques et lectio divina

PREFACE

Chère Michèle,

Tu nous invites à « *Goûter une Parole de liberté* ». Belle proposition. Nous avons tellement besoin de savourer la Parole, de nous en émerveiller sans cesse. Prodige du don de Dieu qui en sa Parole vient à notre rencontre. Mais ce rendez-vous se fait grâce à des intermédiaires. Tel l'eunuque éthiopien qui découvrait sans la comprendre la parole du prophète Isaïe, nous avons besoin de sœurs et de frères qui proposent une explication : « *Comprends-tu vraiment ce que tu lis ? –Et comment le pourrais-je, répondit-il, si je n'ai pas de guide* » (Actes des Apôtres, au chapitre 8, versets 29 à 31). Et comme Philippe, tu te rends disponible pour annoncer la bonne nouvelle de Jésus.

Joie du service offert. Mission de la consacrée qui se laisse visiter quotidiennement par l'Écriture. Cette rencontre ne peut se refermer sur elle-même. Elle inaugure toujours un rendez-vous avec « *d'autres éthiopiens* » que viennent frapper à la porte. Lors de tes missions ecclésiales ou communautaires avec tes Sœurs du Cénacle, tu ouvres le Livre de la Parole, laissant s'échapper le vent frais de la vie de Dieu.

Grâce d'une femme qui peut donner aux mots de l'Écriture une fécondité autre. Comment ne pas faire mémoire de ce que disait le bienheureux Jean-Paul II lors de son pèlerinage à Lourdes le 15 août 2004 en commentant l'évangile de la Visitation de Marie à sa cousine Elisabeth : «*A vous, les femmes, il revient d'être sentinelles de l'invisible !* »

Sentinelles, tu le deviens Michèle, quand tu oses offrir la Parole, non sans t'exposer, pour favoriser son éclosion dans le cœur de ceux qui la reçoivent. Par tes commentaires et méditations de l'Écriture Sainte tu renouvelles ton rôle de sentinelle, veillant sur ce trésor. Mais au lieu de faire le guet pour protéger la Parole, tu ouvres la Bible et tu l'offres généreusement à qui s'approche d'elle. Mieux, tu la fais aimer.

Merci de nous partager ta lecture et ta prière. Elles nous invitent à te rejoindre sur ce chemin pour donner à notre tour à la Parole lue et méditée un visage, une forme, une interpellation, une saveur. Tu viens éveiller en nos cœurs ce désir de savourer la Parole de Dieu. Ne fais-tu pas écho à ce que déjà le prophète Ézéchiel proposait :

« *Fils d'homme, mange-le, mange ce rouleau ; ensuite tu iras parler à la maison d'Israël.* » ? (Livre d'Ézéchiel chapitre 3, verset 1).

Michèle, tu nous redonnes l'appétit de la Parole, le goût de Dieu. Merci.

Je souhaite que de nombreux lecteurs se laissent entraîner à « *Goûter une Parole de liberté.* »

Bien fraternellement,

Frère Didier-Joseph Caullery, Carme.

INTRODUCTION

Les textes de ce livre ont une histoire. Ils ont été écrits au fur à mesure de l'apostolat qui est le mien.

Certaines de ces homélies ont été prononcées à Marseille. Comme aumônier d'étudiants, il m'arrivait de faire l'homélie lors des Messes de l'Aumônerie dont j'avais la charge. Par ailleurs, deux curés m'avaient demandé de prêcher les dimanches d'Avent et de Carême dans leur paroisse. D'autres homélies ont été données dans le Centre spirituel du Cénacle de Versailles, lors de retraites spirituelles que nous animons.

Pour l'édition de ce livre, je les ai appelé « catéchèses bibliques », car elles ont bien pour but de mieux faire entrer dans l'intelligence de la Bible pour croire et vivre la foi.

En ce qui concerne les chemins de méditations, ce sont des pistes que je donne à celles et ceux que j'accompagne dans des retraites individuellement accompagnées ou des retraites prêchées. Il s'agit pour moi d'aider des gens à ouvrir la Bible pour qu'elle soit vraiment un lieu de méditation qui éclaire leur vie et leur font découvrir un Dieu Ami de leur vie, présent au cœur de leur existence. Souvent ils sont démunis devant un texte, ne sachant pas comment cela peut les concerner. Ces pistes sont là pour leur ouvrir des chemins. Et l'Esprit Saint fait le reste…c'est-à-dire l'essentiel !
Je les ai appelées « lectio divina » car elles permettent d'ouvrir l'Ecriture en étant guidé.

Ces pages sont dédiées à ma communauté qui me permet de vivre cette belle aventure de « donner la Parole », selon la mission qui est la nôtre :

« Nous cherchons à transmettre la Parole à ceux auxquels nous sommes envoyés, à les accompagner dans leur quête de Dieu et dans leur écoute de l'Esprit… » (Constitutions des sœurs du Cénacle n°8).

CATECHESES

BIBLIQUES

L'amour maternel de Dieu

Dans le livre du prophète Osée au chapitre 11 versets 1 à

Ce texte commence par une déclaration d'amour : « Je l'ai aimé ». C'est un rappel de libération : « D'Egypte, J'ai appelé mon fils », c'est à dire que Je l'ai libéré de l'esclavage d'Egypte.

Il nous offre une belle image maternelle de Dieu : Elle est comme une mère qui élève ses enfants, leur apprenant à marcher, les prenant dans ses bras, prenant soin d'eux, les menant avec des liens d'amour, les posant contre sa joue, leur donnant à manger.
La suite est en complet contraste par la description de la réponse ingrate d'Israël. Ils se sont détournés, ils ont offert des sacrifices et rendu un culte à des idoles. Ils se sont endurcis dans l'idolâtrie qui consiste à adorer quelque chose qui n'est pas Dieu.

Il y a l'idole du pouvoir, de l'avoir, auquel on sacrifie le reste au mépris des gens. C'est à la racine de la misère dans le monde, de la violence. Il y a l'idole du fanatisme, du racisme, du sexisme, source d'injustice. Tout cela, c'est se détourner de Dieu, se détourner de l'Amour qui est Dieu. Cela extermine, dévore, défigure ce que Dieu a voulu.

Devant cela Dieu pousse un cri « Comment pourrais-Je t'abandonner Israël ? »

Dieu nous dit là, qu'Il n'interviendra pas pour faire cesser cela. Mais qu'Il est avec nous pour combattre ce qui est « malade » dans notre monde et pour bâtir un monde plus juste, un monde où seul l'Amour est premier. Amour des autres, du monde, de Dieu.

Donne-moi de ta pauvreté

Dans le premier livre des Rois au chapitre 17 versets 2 à 16

Elie va se cacher au torrent de Kerit à l'Est du Jourdain. Il le fait sous l'inspiration de Dieu. Expérience de solitude, de désert pour entendre une Parole de Dieu qui peut le nourrir. On peut faire un parallèle avec Jésus. Il a pris ce temps de 40 jours au désert pour fonder sa vie dans l'écoute de la Parole. Regarder cela et prendre conscience de ce que cela peut éveiller en moi. Il va ensuite à Sarepta. Et c'est à une veuve que Dieu confie le soin de Le garder en vie, une veuve d'un pays étranger. Là aussi, on peut faire un parallèle avec Jésus. Il demandera aussi à boire à une femme samaritaine. De ce fait ainsi Elie est préfiguration du Christ.

Repenser aux rencontres du Christ avec des étrangers, des païens, tout le bien qu'Il dit d'eux. Signe que l'Esprit Saint anime des gens qui n'ont pas reçu la révélation biblique. Comment j'accueille cela ?

« Apporte–moi donc un peu d'eau…du pain » On peut entendre cette parole pour nous aussi. Et si c'était Dieu lui-même qui attendait aussi quelque chose de moi? Quoi ? Notre présence, notre amour…

Cette femme est au bord de la mort, la famine est terrible, elle n'a plus qu'un peu de farine et un peu d'huile. Il peut y avoir pour nous aussi des situations sans solution, quelque chose qui bloque en nous, une pauvreté, une blessure, une désespérance, un « à quoi bon ». Alors dans la prière, on peut reprendre à notre compte les mots de cette femme en les adaptant à notre situation : Je n'ai pas…Je n'ai qu'un…Si je fais, je vais pouvoir entendre les paroles du prophète pour moi-même. « Ne crains pas », appel à la confiance, appel à un don : Donne-moi ce que tu as, c'est à dire ce qui te préoccupe, donne-moi le peu que tu as et quelque chose de neuf pourra naître en ta vie. « Jarre de farine ne s'épuisera, cruche d'huile ne se videra »

Elle alla et fit comme lui avait dit Elie. Cette fois-ci, cette femme préfigure Marie dans son « Qu'il me soit fait selon ta parole » et aussi l'appel qu'elle fait aux serviteurs de la noce : « Tout ce qu'il vous dira de faire, faites-le ».

Avec cette femme, avec Marie, entrer moi aussi dans cette confiance.

Offrir au Christ nos pauvretés

Dans l'Evangile de Matthieu au chapitre 9 versets 9 à 13

Pour bien comprendre l'attitude de Jésus vis à vis des pécheurs, il faut savoir que Jésus vit dans une société qui pense qu'il y a des justes et des pécheurs. Les justes (ou plutôt ceux qui se croient justes) sont ceux qui peuvent respecter toutes les prescriptions juridiques de la loi religieuse (respect du sabbat, des règles de pureté etc.) Beaucoup ne le peuvent pas à cause de leur condition sociale, et de leur travail qui les empêchent d'observer tout cela.

Quand Jésus dit : « Je ne suis pas venu appeler les justes mais les pécheurs » c'est de ces pécheurs-là dont Il parle : Il est venu pour ceux qu'une loi religieuse a exclus de l'accès à Dieu et donc qui se croient exclus ! Il vient leur dire : non, vous n'êtes pas exclus, Dieu vous aime.

Il vient donc dire à ceux qui se croient justes parce qu'ils sont en règle avec des lois religieuses : vous êtes pécheurs. Et à ceux que la loi religieuse déclare pécheurs : vous êtes aimés de Dieu. Mais Il vient surtout dire à tous que la racine du péché, c'est le manque d'amour. Et là, tous sont pécheurs. Il vient dire à tous que le Dieu de miséricorde est comme un berger en quête de sa brebis perdue, comme une femme à la recherche d'un trésor perdu, comme un père dans l'attente de son fils perdu.

Il n'y a donc pour Jésus qu'une seule loi, celle de l'amour. Amour et miséricorde permettent de comprendre le comportement de Jésus et l'étonnement qu'Il a pu susciter. Il veut manger chez un collecteur d'impôts, appelle l'un d'eux, sans poser aucune condition. Il dira explicitement ce qu'Il veut : « C'est la miséricorde que Je désire » Considérerons donc l'homme que Jésus appelle. C'est un voleur mais Il ne lui demande pas de changer pour pouvoir ensuite l'appeler. Il ne met pas de condition préalable à l'appel. Il l'appelle au cœur même de sa situation de voleur.

Regardons Lévi qui offre un repas à Jésus. Mais quel est le sens symbolique de ce repas ? C'est l'offrande de la misère de sa vie vide de sens. La première chose que Jésus attend de nous c'est que nous Lui fassions l'offrande de nos pauvretés pour Lui donner la liberté de nous combler.

Un joug libérateur

Pourquoi Jésus prend-il cette image du joug ?

Cela sonne mal à nos oreilles, c'est une image difficile qui évoque une servitude et cela n'a rien d'attirant. Au contraire, c'est plutôt repoussoir!

C'est parce qu'Il s'adresse à des gens qui subissent un joug pesant qui les accable et Il veut les en libérer. Pour leur proposer un autre qui n'a rien à voir avec ça.

Ce joug pesant c'est la loi religieuse qui régissait la vie des gens. Cette loi était comparée à un joug, et le livre du Siracide le dit pesant (Si 6/18-37).

Jésus critiquera ceux qui la font peser sur les autres : « Ils lient de pesants fardeaux et les imposent aux gens (Mt 23/3)

Tout au long de l'Evangile, on voit Jésus en opposition à ces lois religieuses pesantes, excluantes, enfermantes, ces lois qui emprisonnent la vie.

Mais on peut élargir et comprendre que cela peut être nous-mêmes aussi qui nous imposons ces lourds fardeaux.

Jésus veut donc libérer celles et ceux qui peinent sous ces lois, ceux qui ploient sous ce fardeau.

Il leur propose un autre joug qui est tout à l'inverse : reposant, bienfaisant, aisé, léger. Parce que ce n'est pas une loi qu'Il propose mais c'est quelqu'un. Lui-même. Quelqu'un à aimer, une amitié, un lien d'amour à faire grandir avec Lui qui est doux et humble de cœur.

Il y a trois verbes à l'impératif :
Venez à moi.
Prenez mon joug.
Apprenez de moi. (traduit aussi par : devenez mes disciples.)
Comment les entendons-nous ?
Il y a l'objectivité des mots et la subjectivité de notre écoute.
Et il est bon de nous interroger : notre écoute, notre manière d'écouter est-elle bonne nouvelle pour notre vie, libère-t-elle la vie en nous, nous humanise-t-elle ?

Si nous entendons ces verbes comme des ordres, des obligations, nous sommes dans le registre du joug pesant qui emprisonne, et ce n'est pas une bonne nouvelle. Si nous entendons ces verbes comme une volonté précise de Dieu pour nous : tu dois faire ça, ce n'est pas non plus une bonne nouvelle.

Mais si nous les entendons comme un appel à vivre, comme une demande d'amitié, comme même une prière que Dieu nous fait, nous accédons à une relation de liberté. Là, c'est une bonne nouvelle. Si nous les entendons comme un appel à inventer notre vie à partir du désir le plus profond et vivant de notre cœur. Là c'est une bonne nouvelle.
Ces critères de discernement :
Est-ce humanisant ?
Est-ce une bonne nouvelle ?
que nous puissions les garder précieusement pour la suite de nos routes à l'écoute de la Parole.
Et que l'amitié de Jésus doux et humble de cœur, soit la boussole de nos vies.
C'est Lui qui nous invite à Sa table maintenant.

Dieu en quête du trésor que nous sommes

Dans l'Evangile de Matthieu au chapitre 13 versets 44 à 46

« Il va vendre tout ce qu'il possède et il achète ce champ ; il va vendre tout ce qu'il possède et il achète la perle » Qui donc est cet homme ? L'interprétation habituelle de cette parabole oriente toujours notre regard vers nous-mêmes, nous invitant à une réponse généreuse à l'appel de Dieu.

Mais ne pourrait-on pas renverser les rôles ? Pour cela, faisons un détour par l'admiration que Jésus a eue devant la veuve du temple : « Elle a mis tout ce qu'elle avait pour vivre » (Lc 21,4). Car il a vu là, dans ce geste, la préfiguration du don qu'Il allait faire, donner tout ce qu'Il a, toute Sa vie.

Alors ne pourrait-on pas voir dans ce chercheur de trésor et ce découvreur de perle Jésus Lui-même ? Jésus qui donne toute Sa vie pour acquérir le trésor et la perle précieuse que nous sommes. « Tu as du prix à mes yeux et je t'aime » disait déjà le prophète Isaïe (Is 43,4).

Avec cette interprétation Dieu se révèle découvreur et chercheur. Surpris de la rencontre ou en quête de nous rencontrer. Dans les deux cas, aimant (de) notre beauté, nous considérant comme précieux à Ses yeux. Sur la croix, où Il donne tout, Il va jusqu'au bout du désir fou de nous montrer le vrai visage de Dieu qui peut vaincre nos résistances. Il est le démuni devant qui toutes nos peurs de Dieu peuvent tomber.

Il n'est pas habituel d'interpréter cette parabole ainsi. Cette interprétation peut nous aider aussi à mieux nous accueillir nous-mêmes : nous sommes trésor et perle, précieux aux yeux de Dieu. Alors pourquoi ne pas échanger notre regard contre le

Sien ? M'accueillir comme Il m'accueille, me voir comme Il me voit. Cette interprétation peut nous aider aussi à mieux accueillir Dieu comme chercheur de notre amitié, offrant La Sienne et l'ayant prouvé au prix fort de la Croix.

L'ambition du Christ pour nous

Dans l'Evangile de Marc au chapitre 10 versets 35 à 40

« Accorde-nous de siéger dans Ta gloire » demandent les fils de Zébédée. De quelle gloire s'agit-il ?
Cela n'a rien à voir avec la renommée, le bruit qu'on peut faire autour d'un nom célèbre, la réussite, le prestige, les honneurs.
Dans la Bible, cela veut dire la richesse de l'être, sa plénitude, sa densité d'existence, son poids.
Puisque Dieu est amour et qu'Il n'est que cela, la gloire de Dieu, c'est Son poids d'amour.
La demande de Jacques et de Jean peut donc être prise positivement : siéger, habiter Sa gloire, c'est nous enraciner dans l'amour, c'est une demande d'intimité, de proximité, être au plus près possible. C'est pourquoi Jésus ne fait aucun reproche. Il sait discerner, je dirais, faire du tri dans cette demande, Il sait y (formulation à revoir) voir ce qu'il y a de bon : ce désir de proximité et ce qui demande à être purifié : il n'y a pas de fauteuil dans le Royaume de l'amour. Fauteuil au sens de privilège, hiérarchie, préséance, place d'honneur. Il accueille leur désir et va le purifier. Pas de fauteuil mais une coupe à boire et être plongé dans un baptême.

Sa réponse est une manière de dire : Vous avez raison de vouloir être associés à ma gloire, au sens fort de ce poids d'amour. Mais cela doit être un amour qui ne triche pas. Un vrai amour, donc humble et souffrant, car aimer amène forcément de la souffrance.

Pouvez-vous être avec moi autant dans la souffrance que dans la joie ? Pouvez-vous me suivre autant au jour de la Passion qu'aux jours de la Résurrection ? Boire à la coupe et être plongé dans son baptême, c'est se faire serviteur, renoncer aux formes diverses de domination. Sentons l'ambition que le Christ a pour nous dans cet enseignement sur le service. Il s'agit, oui, de devenir grand, oui, d'être le premier. Et cette ambition est celle des saints, des saintes : être premier-e dans le don.

Vouloir être à la gauche et à la droite de quelqu'un est ambivalent.

Est-ce vouloir siéger à des places d'honneur ou un désir d'intimité, de proximité, être au plus près possible ?

Jésus d'ailleurs ne s'y trompe pas. Il sait discerner, je dirais faire du tri dans cette demande, il sait voir ce qu'il y a de bon : ce désir de proximité et ce qui demande à être purifié car il n'y a pas de fauteuil dans le Royaume de l'amour. Fauteuil au sens de privilège, hiérarchie, préséance, place d'honneur. Et c'est pourquoi il ne leur fait pas de reproche. Il accueille leur désir et va le purifier. Pas de fauteuil mais une coupe à boire.

Sa réponse, on peut la comprendre ainsi :
Vous avez raison de vouloir être au plus proche de Moi, votre désir de proximité d'intimité, ce désir de M'aimer, mais cela doit être un amour qui ne triche pas. Voulez-vous M'aimer dans tous les jours de votre vie, dans les bons moments et aussi quand ce sera plus difficile. Autrement dit pouvez-vous et voulez-vous être avec Moi autant dans la souffrance que dans la joie ? Pouvez-vous Me suivre autant aux jours de la Passion qu'aux jours de la Résurrection ?

Admirons comment Jésus aime dans la délicatesse de ce dialogue : accueillir le meilleur du désir et le purifier.
La réponse finale de Jean et de Jacques : « Oui, nous le pouvons ».
Personne n'est exclu de cette réponse. Nous aussi nous le pouvons. Depuis notre baptême, nous sommes à la droite et à la gauche du Christ, nous sommes plongé -es

en Lui, Il a fait de nous Sa demeure.

A chaque Eucharistie nous avons part à Sa coupe.

Mais aussi nous le pouvons aussi en écoutant Son enseignement sur le service. Boire à la coupe, c'est aussi se faire serviteur, renoncer aux formes diverses de domination pour que chacun, chacune soit serviteur de tous.

Sentons l'ambition que le Christ a pour nous dans cet enseignement sur le service. Il s'agit, oui, de devenir grand -e, oui, d'être premier -e.

Mais c'est l'ambition d'être premier -e dans le don. Il y a bien de l'ambition mais pas à la manière habituelle.

Oui, nous pouvons boire à la coupe en vivant toute fonction, toute charge, tout travail, toute responsabilité comme un service.

Pour cela Il nous faut regarder le Christ. Il n'est pas venu pour être servi mais pour servir et donner Sa vie en rançon.

Ce mot peut nous arrêter et nous scandaliser ! Il ne faut pas le prendre au sens moderne du terme. Car alors on tombe dans une fausse image de Dieu. La racine hébraïque de ce mot c'est le verbe délier, libérer. Il faudrait mieux traduire : donner sa vie pour nous libérer. Jésus en donnant Sa vie pour nous sur la Croix nous libère, en particulier de toutes nos fausses images de Dieu.

Sur la Croix, Dieu Se livre et veut nous désarmer de toute peur. Le don de Sa vie sur la Croix, c'est l'extrême du don.

C'est ce don que nous allons recevoir maintenant.

Des bergers, une femme, un enfant

Dans l'Evangile de Luc au chapitre 2 versets 1 à 20
Des bergers, une femme, un enfant.
Grâce à eux, il nous est fait un cadeau, précieux, quand on est en retraite.
Ils nous invitent à des attitudes spirituelles fondamentales.
D'abord les bergers.

Ils ont entendu les paroles de l'ange et c'est cela qui les met en marche, les déplace.
Ensuite, forts d'une véritable expérience, ils repartent en louant Dieu.
Ils nous invitent donc à une écoute qui nous fait bouger.
Ensuite une femme, Marie.

On nous dit qu'elle conservait toutes ces choses dans son cœur.
Là aussi un appel à écouter, mais dans la durée. Ne pas oublier ce qu'on a écouté. Ne pas oublier les promesses qui ont été faites, les dons, les grâces ; ne pas oublier les paroles fondatrices de l'alliance entre Dieu et nous.

Elle nous invite donc à conserver tout cela dans notre cœur, en prendre soin pour que cela reste vivant en nous.
Enfin un bébé.

Que peut-il nous apprendre, lui qui ne parle même pas ?
Que nous dit-il dans son silence même ?

Nous le savons il nous enseigne un Dieu fragile dont on n'a absolument rien à craindre.

Il nous invite donc à nous abandonner en totale confiance comme lui s'est abandonné à nous, comme lui qui s'est remis entre nos mains.

Mais il y a encore un autre personnage dont le texte nous parle. « Tout le monde » nous dit le texte. (Traduction liturgique. Traduit par « tous ceux… » Dans la TOB)
Il devait y en avoir du monde à la crèche !

De ce personnage collectif il nous est dit quelque chose de très important. On nous dit que tout le monde s'étonnait de ce que disaient les bergers.

S'étonner. Surtout ne jamais s'habituer à la nouveauté de l'Evangile. Maintenir l'étonnement.

Ce « tout le monde » qui est chacun, chacune d'entre nous, nous invite donc à maintenir vivant l'étonnement devant l'inouï de ce qui nous est donné à entendre, à voir. Heureux les yeux qui voient ce que vous voyez, les oreilles qui entendent ce que vous entendez.

Entrons dans l'étonnement de ce Dieu qui se fait pain pour notre faim, qui se fait boisson pour notre soif.

Notre identité de filles et fils avec le Fils

Dans l'Evangile de Luc au chapitre 3 versets 21 et 22

Nous venons d'entendre ce récit. Mais cela ne suffit pas. Il mérite d'être écouté et contemplé pour qu'il fasse une œuvre de vie en nous, qu'il transforme quelque chose en nous.

Regardons Jésus :

Il était au milieu de la foule. Il attendait son tour.

Le regarder attendant comme tout le monde sans privilège.

Un homme au milieu d'autres.

Regarder Jésus qui est rentré dans l'eau jusqu'au cou, entièrement enseveli par l'eau. Quel est le sens de cet acte du Christ ?

Il n'avait aucun besoin de ce baptême de Jean qui était un rite de purification des péchés. Non. Cette plongée dans l'eau est à l'image de Son Incarnation.

Dieu Très-Haut qui se fait Très-Bas pour nous rejoindre.

Il n'a pas besoin de baptême, mais rentrant dans l'eau, Il sanctifie toute la matière de nos vies. Il rend saint le plus quotidien de nos vies.

Laissons-nous étonner par ce que nous voyons : le Très-Haut qui se fait Très-Bas, l'humilité du Verbe qui s'est fait l'un de nous sans revendiquer aucun privilège. « Lui de condition divine ne retint pas jalousement le rang qui l'égalait à Dieu... » Ph2/6

Regardons Jésus qui prie.

Luc est le seul, comme à son habitude, à mentionner la prière de Jésus. Il nous met devant le mystère de la prière de Jésus.

Un mystère qui s'éclaire un peu si l'on comprend que prier n'est pas seulement demander. Prier, c'est écouter, contempler. Jésus écoute le Père et l'Esprit. Il écoute la vie trinitaire en Lui au cœur même de Son humanité.

Sa prière est donc Sa présence à Son être même.

A notre petite mesure il en va un peu de même pour nous.

Persévérons dans cette prière qui est descente dans notre cœur profond, là où demeure la Trinité, pour écouter et contempler Dieu présent à l'intime de nous.

Ecoutons ce qui nous est dit : « Alors le ciel s'ouvrit »

Les Juifs ne prononcent pas le nom de Dieu. Ils le remplacent par d'autres mots comme celui-ci : le ciel. « S'ouvre le ciel », cela veut donc dire Dieu s'ouvre.

Dieu s'ouvre comme une porte qui s'ouvre et donne accès, permet d'entrer.

Il est de toujours à toujours ouverture puisqu'Il est amour mais ici l'ouverture est portée à son achèvement de révélation.

La porte est donc ouverte, c'est une invitation à entrer.

Resterons-nous à la porte ?

Ou alors, accepterons-nous cet accès à Dieu, offert, gratuit, sans conditions, pour tout homme, toute femme, chacun, chacune de nous ?

Révélation trinitaire du Père comme source de vie, de l'Esprit comme souffle de vie, du Fils comme parole de vie. Entendre ce que Jésus entend.

«C'est toi mon fils. Moi aujourd'hui, Je t'ai engendré ».

Il faut bien comprendre cette phrase. Dieu prononce cette phrase de toute éternité. Nous le rappelons dans le Credo de Nicée-Constantinople : « engendré, non pas créé ». Ce n'est pas un aujourd'hui temporel mais un aujourd'hui éternel, sans commencement ni fin. C'est l'identité du Christ qui se dit là.

Mais c'est aussi la nôtre. Nous sommes filles et fils avec le Fils. Il est l'aîné d'une multitude de frères et de sœurs.

Avec Lui, par Lui, nous avons mission d'être les célébrants de Son amour ; mission d'écouter Sa parole pour pouvoir en témoigner par nos actes, nos paroles et dire partout les merveilles de Dieu ; mission d'être au monde justice de Dieu et d'œuvrer à un monde selon le cœur de Dieu.

Pour cela, pour faire cela, pour être cela, *entrons dans le don* qu'Il fait de Lui à chaque Eucharistie : Il S'est livré, entrons avec Lui dans Son offrande.

Le bon Samaritain, visage du Christ

Dans l'Evangile de Luc au chapitre 10 versets 25 à 37

Est-ce qu'on peut dire qu'il y a dans l'Evangile des portraits de Dieu ?
Question un peu audacieuse !

On tomberait assez d'accord pour dire qu'il y a ce superbe tableau du Père Prodigue.
Mais il y a aussi celui que l'on vient d'entendre.

Et c'est le portait du Christ, remué aux entrailles, sous les traits de ce Samaritain.
En effet, cette expression dans la Bible ne s'emploie que pour parler de Dieu.
Contemplons donc ce Christ samaritain. Il est voyage, le voyage de son Incarnation.
Regardons tout ce qu'Il fait pour le blessé du chemin. Regardons les gestes de l'amour : voir, être touché de compassion, s'approcher, bander les plaies, verser de l'huile et du vin, charger sur sa propre monture, prendre soin.

Mais qui est donc le blessé ?
Acceptons que ce soit chacun, chacune de nous.
Et si nous y consentons, nous permettrons au Christ de prendre soin de nous.
Cela suppose, oui, d'accepter notre fragilité comme une chance de relation.
Notre pauvreté comme espace de la rencontre.

Nos blessures comme lieu pour trouver Dieu et nous laisser trouver par Lui.
Fragilités, pauvretés, blessures ne sont pas des obstacles mais des brèches pour la grâce de Dieu.
Il prit soin de lui. Donnons à Dieu la joie de prendre soin de nous. Il le fait maintenant en versant en nos vies le vin de son Eucharistie.

La meilleure part pour toutes et tous

Dans l'Evangile de Luc au chapitre 10 versets 38 à 42

Cet épisode de Marthe et Marie a été « lu » comme symbolique de la vie contemplative (Marie) et de la vie active (Marthe). C'était une lecture justificatrice de la supériorité de l'une sur l'autre.

C'est un bon exemple d'interprétation qui se fourvoie, faute de connaissance du contexte historique mais aussi d'aveuglement plus ou moins conscient qui favorise des intérêts. Comment se fait-il que la situation scandaleuse décrite dans ce texte, pour la société où vivait Jésus n'ait pas été perçu ? Le scandale, c'est qu'une femme ne peut pas être disciple d'un maître, un rabbi.

Etre assise au pied d'un maître et l'écouter, est la position du disciple. Marie la prend et Jésus approuve son choix qui est une transgression du rôle dévolu aux femmes. La meilleure part est donc, pour les femmes, d'être disciple, une part à laquelle Jésus les autorise, les appelle, auquel il leur reconnaît le droit d'aspirer.

Il ne s'agit donc pas dans ce texte d'opposer l'écoute de Jésus au service de la maison. C'est un texte fort pour dire que les femmes, de la même manière que les hommes, peuvent être disciples. Jésus prend position ainsi contre les discriminations dont étaient victimes les femmes sur ce point à son époque.

Contemplons donc cette scène en nous attachant à cette relation étonnante entre Jésus et Marie.

Regardons Jésus. Comprenons que le désir de Son cœur, c'est qu'on prête attention à ce qu'Il dit, qu'on L'écoute. C'est cela dont Il a besoin, dont Il a soif.

Regardons Marie qui Lui offre ce que désire Son cœur. Elle lui offre un cœur qui écoute « elle restait à écouter Sa parole ». Regardons-la désirant cette place de disciple, que seul Jésus a l'audace de lui accorder. Regardons-la briser les limites qu'on lui impose.

Laissons-nous étonner par la transgression qu'Il opère, similaire à tant d'autres qu'Il a accomplies pour faire éclater tout ce qui limite, tout ce qui enferme, tout ce qui exclut.

Jean-Baptiste, l'homme ajusté

Dans l'Evangile de Jean au chapitre 1 versets 19 à 36

Le prologue narratif de cet Evangile commence comme un interrogatoire de police ! On demande à Jean-Baptiste de dire qui il est. Sa réponse est d'abord négative : il n'est ni le Christ, ni Elie, ni le prophète. Il est d'abord tout simplement lui-même, dans son originalité, comme chacun de nous, unique, ne remplaçant personne, valant pour lui-même, désiré-e du cœur de Dieu. Réponse juste d'un homme « ajusté » à Dieu qui sait que sa dignité la plus haute est d'être simplement ce qu'il est.

« Qui es-tu ? » Et nous, quel réponse donnons-nous à cette question ?
Jean-Baptiste est un homme selon le cœur de Dieu, dont la vie est orientée vers Lui, « ordonnée » à Lui.
- Homme de louange :
qui est appel à ouvrir un chemin à Dieu.
- Homme d'adoration : ayant le sens de l'infinie distance entre lui et Dieu mais qui se laissera toucher par la proximité de Dieu en Jésus.
- Homme du service qui se réalisera en :
-témoignant (v.32 et 34)…
-se tenant là (v.35)…
-fixant les yeux sur Jésus (v. 36) ».

Jean-Baptiste est bien pour nous aussi, aujourd'hui, celui qui nous montre Jésus.
Fixer le regard sur Jésus, c'est ce qu'il a fait. Par son exemple, il nous invite à prendre du temps gratuit pour Le contempler.

Non seulement Jean-Baptiste nous invite à un regard contemplatif sur le Christ mais il Le désigne comme « Agneau de Dieu ». Expression à entendre avec toute la richesse de la première Alliance : l'Agneau d'Exode 19/36, l'agneau mangé avant de prendre la route vers la liberté ; le serviteur souffrant d'Isaïe 53/7, agneau dont les blessures nous donnent la guérison. On peut s'attarder à ce titre, car il peut nous aider à consentir à Dieu : l'agneau n'appartient pas à l'ordre des prédateurs ! Dieu à l'image d'un agneau, celui dont on prend soin, qui a besoin de nous. Et si Dieu avait besoin de nous ? Dieu vulnérable, remis en nos mains.

Et moi, à la suite de Jean-Baptiste, qu'est-ce que je dirais pour parler du Christ ?
Les deux disciples écoutèrent cette parole et suivirent Jésus.

Avec ces deux verbes, les deux attitudes fondamentales du disciple nous sont données : écouter et suivre. C'est une décision qui prend tout l'être : une relation d'appartenance où on lie son destin à celui d'un autre. Seul Jésus peut être suivi de cette manière-là, absolue, inconditionnelle, car Lui seul est parfaitement fiable, d'un amour pour nous d'une indéfectible fidélité.

Je peux interroger mon cœur : pour moi, quelles sont mes raisons de L'écouter et de Le suivre ?

« Jésus se retourna ».
C'est Jésus qui prend l'initiative de la rencontre en se retournant.
Au lieu de leur montrer Son dos, Il leur découvre Son visage.
Il leur est ainsi donné de voir la lumière qu'est Jésus, de la voir face à face.
Dieu, en son Verbe fait chair, se donne à voir.

Il nous est bon de nous mettre dans cette scène :
Nous voyons la face de Jésus et nous sommes regardé -es par Lui.
Echange de regards.

« Je L'avise et Il m'avise » disait un des paroissiens du Curé d'Ars pour parler de son oraison.

Etre en Sa présence, sous Son regard, ne pas vouloir être ailleurs, car on y a trouvé le lieu de sa paix profonde.

« Que cherchez-vous ? »

Les questions de Jésus sont étonnantes. Elles nous disent Jésus comme éveilleur de désirs.

Il est comme une sage-femme qui aide à mettre au monde la vie.

Que veux-tu au plus profond de toi ? Qu'est-ce qui est vivant en toi et qui ne demande qu'à naître ? Un désir qui ne soit pas influencé de l'extérieur, mais celui du plus profond de soi, celui de vivre à plein.

Entendre cette question pour moi, dans l'aujourd'hui de ce que je suis et de ce que je vis. Et y répondre.

Le passage du mépris à la confiance

Dans l'Evangile de Jean au chapitre 1 versets 45 à 51

Cette histoire commence par une question : « De Nazareth, peut-il sortir quelque chose de bon ?»
Question qui sonne comme un doute doublé d'un mépris pour Nazareth.
C'est l'état d'esprit de Nathanaël au début de ce récit.
Mais à la fin, c'est un tout autre homme que nous découvrons, un homme qui croit et qui peut dire : « Tu es le Fils de Dieu ».
Comment ce passage du doute, du mépris à la foi a-t-il pu se faire ?

Deux raisons, qui sont deux paroles :
-D'abord celle de Philippe qui l'a invité à venir et à voir.
Il faut venir pour voir. Accepter le risque d'une expérience.
Et cela nous fait mieux saisir que Dieu ne se donne pas dans l'évidence qui obligerait mais dans le risque d'une recherche libre et réciproque.
Il nous cherche autant que nous Le cherchons.
Et Dieu, comme nous, prend le risque de cette recherche.

-La deuxième raison qui permet ce passage du doute à la foi, ce sont les paroles de Jésus.

Il dit du bien de lui: « tu es un homme qui ne sait pas mentir, un vrai fils d'Israël, je t'ai vu sous le figuier », c'est-à-dire, parce que ce figuier est symbolique, je sais que tu écoutes la Parole de Dieu.

Ainsi Nathanaël se découvre connu, reconnu dans le meilleur de lui-même.

Et c'est ainsi que Dieu nous regarde. Non un regard qui accuse mais un regard qui dit du bien de nous.

Donc, écouter Sa Parole c'est fondamentalement entendre le bien que Dieu dit de nous.

Alors, devant ce Dieu là, et à ce Dieu là, nous pouvons accorder notre confiance. Et nous la lui dirons avec les mots qui sont les nôtres, issus de notre expérience.

Il nous sera alors possible de voir des choses plus grandes encore, car nous aurons ouvert notre cœur à la confiance. C'est une promesse pour chacun-e de nous pour ces jours de retraite.

Mais dès maintenant, il nous est donné de voir le ciel s'ouvrir puisque le Christ nous invite toutes et tous ici à Sa table.

De quelles noces s'agit-il ?

Dans l'Evangile de Jean au chapitre 2 versets 1 à 12

Pour mieux entrer dans la compréhension de ce texte des Noces de Cana , il nous faut le « décoder » à la lumière de la première Alliance.

Il est question de vin : comme le blé et l'huile, son abondance est signe de fidélité à l'Alliance avec Dieu.
Cela se passe pendant une noce : les noces humaines sont signes du lien d'amour de Dieu avec son peuple.
Enfin, nous sommes à un repas : « La connaissance de Dieu enivre et nourrit » (Pr 9/1-6.) Jésus donne le vin ici et ensuite le pain (Jn 6). C'est à dire qu'Il donne une connaissance de Dieu savoureuse qui nourrit et comble ceux qui Le cherchent.

Ce n'est pas l'heure, dit-Il à Marie. Oui, car Son heure sera celle de la Croix, mais cela l'anticipe et l'annonce : Croix où Jésus scelle Ses noces, le signe indélébile de Son amour, là où Il donnera tout : sang, eau et souffle. Le véritable époux de ces noces, c'est Lui.
Devant un tel visage de Dieu, il nous est possible d'entendre la parole de Marie : « Quoi qu'Il vous dise, faites-le ! »

Infinie confiance : ce qu'Il peut dire, vouloir nous dire, ne peut être que de bonnes choses, le vin de la fête, le pain de la route. C'est d'ailleurs à cela qu'on peut reconnaître Sa voix et la distinguer de ce qui n'est pas de Lui : ce qu'Il nous dit ne peut être qu'augmentation de vie, de force, de paix. Entrons dans cette confiance avec Marie.

La femme de Samarie, apôtre du Christ

Dans l'Evangile de Jean au chapitre 4 versets 1 à 42

« Elle laissa là sa cruche et s'en alla à la ville en courant». Jn 4/28

Il est étonnant de constater que rarement ou jamais (?) ce verset n'a été mis en parallèle avec la vocation d'apôtre masculin ! [1]Et pourtant : « Aussitôt ils laissèrent leurs filets et le suivirent » Mc 1/18. Cela est du même ordre que : « Laissa sa cruche et s'en alla en courant ». Une cruche d'eau vaut bien un filet comme signe d'un engagement radical d'apôtre de Jésus ! On pourrait même aller plus loin. Il lui a fallu seulement la fulgurance de son dialogue avec Lui pour devenir tout de suite Son apôtre. Et qui plus est, faire venir tous les habitants d'une ville au Christ. C'est même un cas unique dans tout l'Evangile d'une réussite apostolique de ce genre !

Cela permet de comprendre pourquoi Jésus parle ensuite de nourriture. Ici, la faim de Jésus a été comblée par la réponse de la Samaritaine et par les fruits de son apostolat auprès des ses frères et sœurs Samaritains.

« Si tu savais le don de Dieu, qui est celui qui te demande à boire…l'eau que je lui donnerai deviendra en lui source jaillissante pour la vie éternelle » Jn 4/10

Ecoutons aussi cette parole de Jésus à cette femme et à travers elle, à chacun de nous : le don, c'est Jésus lui-même ; le don de savoir qui Il est, de goûter le mystère de Sa personne ; le don de Sa vie qui irrigue notre vie depuis le jour de notre baptême, source neuve, inépuisable, qui ne cesse de couler en nous ; le don de Sa vie divine qu'Il nous donne dans chaque sacrement.

---

[1] Sandra M. Schneiders : *Le texte de la rencontre* .Lectio divina 161. Ed du Cerf

Il s'agit pour nous de Le rencontrer, Lui, qui attend notre réponse, Lui qui a fait tout le chemin. De nous éveiller au seul désir qui peut vraiment combler notre vie et cela, humblement, dans la confiance d'être accueilli-e comme nous sommes. De recevoir la vie, l'amour qui jaillit de Son cœur transpercé sur la Croix. Un amour qui nous purifie et nous affermit pour mener une vie selon Son cœur.

Le temple de Dieu, c'est nous

Dans l'Evangile de Jean au chapitre 2 versets 13 à 22

Ce texte nous met face à une colère de Jésus, lui le doux et humble de Mt 11/28 ! Pourquoi ?

Imaginons tout un marché de bœufs, de brebis, de pigeons, tous ces animaux que le pèlerin achetait pour ensuite les offrir en sacrifice.

Et aussi ces nombreux changeurs de monnaie : on ne pouvait payer ces animaux qu'avec une monnaie juive : les gens venant de pays étrangers devaient donc passer par le change.

Faire du temple de Dieu, lieu privilégié de la louange, du respect et du service de Dieu, un lieu de trafic est intolérable pour Jésus. Il y a comme un détournement, on se sert de Dieu pour autre chose que Lui.

A la Samaritaine Jésus dira : « Ce n'est plus sur cette montagne, ni à Jérusalem qu'on adorera mais en esprit et vérité. »

Paul comprendra bien cela en disant : « Le temple de Dieu est saint et ce temple c'est vous » 1Co 3/17.

Ce temple que Jésus vient purifier, c'est donc nous : quels détournements sont les nôtres, quels encombrements, quelles profanations, quels trafics, quelle idolâtrie ?

« Le zèle de ta maison me dévorera » (Ps 69/10). Cette maison de Dieu que nous sommes chacun.

Ce zèle Le brûle, Le consume et finira par avoir raison de Sa vie.
Ce zèle d'amour pour nous Le conduira à la Croix.

Son corps détruit aux jours de Sa passion et rebâti dans Sa Résurrection.
Son corps dont nous sommes.

L'accueil difficile de l'invitation à renaitre

Dans l'Evangile de Jean au chapitre 3 versets 1 à 17

Avec Nicodème nous sommes devant un itinéraire qui va de la nuit à la lumière. Pour nous cet itinéraire est plein d'espérance car plus loin (en 7/50 et 19/39) nous le verrons s'engager pour le Christ. Mais ici au chapitre trois, cela commence mal ! Nous sommes dans la nuit. Pourquoi venir de nuit ? La réponse est au v.19 : c'est préférer la nuit à la lumière. La première faute de Nicodème est de croire qu'il sait, il dit « nous savons ». Prétention à connaître qui est Jésus au lieu de laisser l'autre se dire lui-même. Il lui fait un compliment qui l'enferme dans ce qu'il veut qu'il soit : un rabbi comme lui. Une manière de l'annexer à son monde.

La réponse de Jésus est étonnante : Il le renvoie à lui-même, Il lui parle d'une naissance d'en haut, de quelque chose qui est important pour lui, et qui concerne tout le monde. Mais naître, pour cet homme, chef des pharisiens, c'est régresser : lui, le maître redevenir enfant ? Cela implique un renversement de sa position de chef. Du coup, Il n'entend pas la parole de Jésus et la transforme : c'est sa deuxième faute. Au lieu de reprendre l'expression exacte de Jésus, il dit autre chose : naître une deuxième fois du sein de sa mère, ce qui évidemment est impossible. Mais ce n'est pas ce que Jésus a dit ! Transformer une parole c'est une manière de se dérober. Sa mauvaise écoute est une manière de refuser l'invitation à renaître. Mais que veut dire « naître d'en haut » ? C'est se recevoir d'une origine autre que soi, consentir à venir de Dieu. Un consentement qui ouvre à une existence selon l'Esprit et dote d'une liberté identique à celle du vent. Naître du Père c'est entrer dans une fraternité, une sororité, où tout homme, toute femme est fils et fille du Père, frère et sœur de Jésus.
Nouvelle naissance qui est résurrection dans l'aujourd'hui de notre vie.

Un adultère spirituel

Dans l'Evangile de Jean au chapitre 4 versets 1 à 26

« Il lui fallait traverser la Samarie ». Ce n'est pas une nécessité géographique, c'est une nécessité de mission : s'ouvrir à un universel signifié par les Samaritains.

Cela se passe près d'un puits, celui de Jacob, référence à l'épisode de la rencontre de Jacob avec sa future femme. Ici l'épisode se reproduit : un homme rencontre une femme pour une rencontre d'Alliance. Ces deux notations nous font entrer dans la richesse symbolique de ce texte.

A Cana, Jésus disait que ce n'était pas Son heure, parce que ce n'était pas l'heure de la Passion. Ici, c'est la même heure que la Passion : la sixième heure comme en Jn19/14.

Nous ne sommes plus de nuit comme avec Nicodème, nous sommes en plein midi de la lumière. Parce que nous sommes à l'heure de la Révélation.

Cette femme, par son ouverture, son questionnement, son désir, va permettre à Jésus de Se révéler. Il va dire : « JE SUIS » ce qui est la reprise de la révélation de Dieu à Moïse. Ce texte a encore plus de force comme texte de révélation quand on se rend compte que Jésus révèle Sa divinité dans la faiblesse : Il est aussi cet homme, ce Dieu mendiant d'un peu d'eau. Mendiant qui dit : « J'ai besoin de toi. »

Véritable dialogue d'amitié avec cette femme, chercheuse de sens.. Le parallèle avec la Passion se voit aussi par cette demande d'eau :

« Donne-moi à boire » et « J'ai soif » en 19/28. De quoi a-t-Il soif ? Il a soif de notre foi, de notre amour, de notre engagement à Sa suite. Sa demande « donne-Moi à boire » est un appel. Appel à une suite plus radicale, une suite davantage purifiée de nos idoles qui sont ici symbolisées par les cinq maris. Cette histoire de cinq maris n'est donc pas à prendre au premier niveau. Ils ont une signification symbolique d'infidélité religieuse. Si Jésus est déclaré prophète ce n'est pas à cause de Sa capacité de lire dans les cœurs mais parce que les prophètes ont pour tache de dénoncer l'idolâtrie, le culte rendu aux faux dieux.

Entendons cet appel à une suite plus radicale pour adorer le seul qui doit l'être et qui nous délivre d'idoles qui emprisonnent.

Des ténèbres à la lumière

Dans l'Evangile de Jean au chapitre 9 versets 1 à 38

Au début du texte nous sommes en pleine ténèbre. Celle où est plongé un aveugle de naissance ? Oui, certes, mais il y a pire. C'est celle des disciples qui sont plongés dans les ténèbres d'une religion qui explique la maladie par une faute commise. Et derrière cette explication se cache une ténèbre encore plus ténébreuse, celle d'un dieu qui punirait les fautes en envoyant des maladies. Quelle ténèbre ! Et aujourd'hui encore en sommes-nous indemnes ? Cet évangile, comme tout l'Évangile, est d'abord une libération par la parole forte de Jésus : « Ni lui n'a péché, ni ses parents »Parole forte qui fait passer de la nuit au jour, de la ténèbre à la lumière. Première guérison si nous acceptons de nous laisser guérir.

Et le pire du pire, si c'est possible, est la ténèbre de la religion des pharisiens. Cette impossibilité à sortir d'un système légaliste : selon eux une guérison faite le jour du sabbat ne peut pas venir de Dieu, celui qui l'accomplit ne peut être qu'un pécheur. C'est la ténèbre de l'exclusion de tous celles et ceux qui ne rentrent pas dans leur système. L'impossibilité à s'ouvrir à la nouveauté d'une parole, à l'inattendu d'une action. La culpabilisation qui enferme les gens dans la fatalité.

Devant ce type de ténèbres, Jésus Lui-même n'a rien pu faire. La révolution spirituelle de Jésus ne peut rejoindre des gens murés dans leur certitude, les privilèges que cela leur donne et pour certains le « fonds de commerce » ou de position sociale, ecclésiale que cela leur procure.

Un itinéraire de foi

Dans l'Evangile de Jean au chapitre 9 versets 1 à 39

La première lumière qui émane de Jésus, c'est le démenti formel qu'Il donne de la religion d'un dieu qui punirait. Nous avons besoin de cette lumière pour contrecarrer : « Mais qu'est-ce que j'ai fait au bon Dieu pour qu'il m'arrive cette tuile ? ». Ce lien qui est une fausse culpabilité qu'on établit entre faute et malheur !

Regardons cet homme : son consentement à ce que lui dit Jésus. Le témoignage qu'il va lui rendre, quoiqu'il puisse lui en coûter : critique, interrogatoire, vexation, incompréhension, lâchage de sa famille, exclusion. Son témoignage sera toujours le même : « Je suis allé, je me suis lavé, j'ai vu » Il dit : « c'est moi » sans fuite et déjà il s'avance comme le fera Jésus, lors de l'arrestation 18/5-8.

Mais il n'en dit pas plus, il dit la vérité : « Je ne sais pas qui m'a guéri » Quand le verdict tombe pour dire que celui qui l'a guéri est un pécheur, il ose contredire les juges, il a l'audace du témoin. Il subit l'injure et l'exclusion.

On peut s'étonner que Jésus ne réapparaisse qu'à la fin, donnant l'impression qu'il l'a laissé seul témoigner et combattre. Non, il n'était pas seul : son Esprit l'assistait (Lc 21/14). Mais quand il est jeté dehors, exclu, Jésus est là pour l'accueillir.

La fin de ce passage, c'est la plénitude de la lumière.
Cet homme a d'abord confessé : il m'a guéri. Puis : c'est un prophète.
Enfin il se prosterne en disant : « Je crois » Combat victorieux de la foi contre les ténèbres.

Marthe, amie, disciple et apôtre

Dans l'Evangile de Jean au chapitre 11 versets 17 à 27

Nous fêtons Sainte Marthe, amie, disciple et apôtre du Seigneur.
Son nom apparaît trois fois dans l'Evangile : deux fois à l'occasion d'un repas et une dans l'Evangile que nous venons d'entendre.

Que savons-nous d'elle d'après ces trois textes et surtout que nous dit-elle de la suite du Christ ? Qu'est-ce que suivre le Christ selon Marthe ? Chaque sainte, chaque saint a sa manière bien à elle, bien à lui, de suivre et d'aimer Jésus.
Quelle est la manière de Marthe ?

La première manière, c'est d'être son amie. Oui la suite du Christ c'est aussi une amitié.

Restons étonné-es, Jésus a voulu avoir de amis, une maison où il fait bon vivre, où il pouvait trouver une chaleur humaine, une affection, une intimité.
Et Marthe a d'abord été disciple du Christ par son amitié.

Un jour de sa vie elle a reçu cet appel : « Veux-tu être mon disciple en accueillant mon amitié et en me donnant la tienne ? » Cet appel, elle le partage avec son frère et sa sœur, Lazare et Marie. Elle le partage aussi avec chacun -e de nous. Nous qui, à la fin de chaque oraison sommes invité-es à parler à Dieu comme un-e ami-e parle à son ami-e.

La seconde manière d'être disciple, c'est son don d'elle-même dans le service. Et sur ce point, elle nous enseigne quelque chose d'important pour nous. J'aime à penser qu'elle a su entendre le reproche que Jésus lui fait en Luc 10, qu'elle a su l'entendre comme le conseil d'un véritable ami :

« Que le don de toi dans le service se fasse sans inquiétude et sans agitation et surtout qu'il s'enracine dans une écoute profonde de ma Parole ».
Ce conseil d'ami, il me semble que oui, elle l'a vraiment entendu et le fruit de cette écoute profonde, nous en avons trace dans cet Evangile.

C'est parce qu'elle a répondu à l'appel de l'amitié, à l'appel d'un service enraciné dans la confiance et l'écoute, que peut jaillir de son cœur cette profession de foi :
« Oui Seigneur, je crois que tu es le Christ, je crois que tu es le Fils de Dieu, Celui qui vient dans le monde ».

C'est donc là, la troisième manière d'être disciple qu'elle nous partage : être disciple, c'est, après avoir longuement écouté, contemplé, c'est devenir apôtre, confessant la foi.

Une dernière remarque :
Cette profession de foi est presque mot pour mot la même que celle de Pierre : « Tu es le Christ, le Fils du Dieu vivant » en Matthieu 16/16.
Du coup, il devient légitime de penser que l'Eglise est autant bâtie sur la foi de Marthe que sur celle de Pierre. Et sur cette foi qui est aussi la nôtre, le Seigneur continue de bâtir son Eglise, communauté où toutes, tous, sont appelé-es à être ami-es, disciples, et apôtres.

C'est avec cette foi, cette joie d'être ainsi appelé-es que nous pouvons entrer dans ce mystère de l'Eucharistie où le Christ Se donne. Pour devenir ce que nous recevons : le Corps du Christ.

Nos vies à l'image de la Trinité

Dans la deuxième lettre aux Corinthiens au chapitre 13 verset 13

« Que la grâce du Seigneur Jésus-Christ, l'amour de Dieu le Père, et la communion de l'Esprit-Saint soient avec vous tous ».

Bienheureux sommes-nous de pouvoir nous situer devant l'Amour qui est Dieu.

Amour, donc pas Dieu solitaire.

Amour, donc Dieu qui est relation en Lui-même, car pour aimer il faut qu'il y ait de l'altérité, de la différence.

Il y a Dieu source de l'amour et c'est le Père.

Il y a Dieu parole de l'amour et c'est le Fils.

Il y a Dieu souffle vivifiant de l'amour et c'est l'Esprit.

Dieu-Trinité de la foi chrétienne est donc communication d'amour en elle-même.

En Elle-même mais aussi pour nous et tournée vers nous.

Aucune inégalité en Elle-même, pas de supérieur et d'inférieur, une parfaite égalité.

Un infini et divin respect de l'altérité, sans confusion ni séparation.

Une relation faite de don et d'accueil du don dans la réciprocité.

Dieu-Trinité nous façonne à Son image et nous invite à vivre entre nous, ce qu'Elle vit en Elle-même donc nous invitant à nouer entre nous le même type de relation faite d'égalité, de respect, de réciprocité.

La Trinité dit notre vocation : une existence fraternelle, sororelle.

Car il y a un lien fort entre la manière de vivre entre nous et la vie trinitaire. L'amitié entre nous est à l'image de l'amitié trinitaire.

De ce fait les affirmations de la foi ne nous laissent pas tranquilles. Confesser Dieu Trinité d'amour, s'est s'engager à une vie qui promeut l'égalité, l'amitié, le respect, la réciprocité pour chacun, chacune.

C'est une grâce à désirer et à demander que pour notre foi s'incarne davantage dans nos vies.

LECTIO

DIVINA

La désobéissance comme résistance au mal

Dans le livre de l'Exode au chapitre 1 verset 8 au chapitre 2 verset 10

Première piste :
S'aider de ce texte pour saisir ce qu'est le mal :
-Le mal comme ignorance de l'histoire (Pharaon n'avait pas connu Joseph. Son ignorance de l'histoire l'empêche de considérer positivement le peuple juif).
-Le mal qui se nourrit de peur sans fondement, qui se nourrit d'imaginaire : « En cas de guerre, il pourrait bien se joindre à nos ennemis » (1/10).
-Le mal qui se réalise dans l'exploitation, l'esclavage, la violence, le génocide (1/ 11 à 14 et 2).

Deuxième piste :
S'aider de ce texte pour saisir ce qu'est la résistance au mal
et entrer en son cœur dans cette résistance.
- la résistance au mal a une « raison » : c'est la crainte de Dieu des accoucheuses (1/17). Crainte à entendre comme respect de Dieu, qui fait entrer dans Sa colère contre tout ce qui défigure l'humain.
-la résistance au mal qui se fait agissante, qui prend les moyens de résister.
-le refus d'obéir à l'injustice (les sage-femmes laissent vivre les garçons (1/17).
-un mensonge légitime pour ne pas subir la répression (« nous arrivons trop tard » (v. 19)
-la désobéissance d'une mère qui refuse qu'on tue son enfant et un vrai amour qui accepte de le perdre pour qu'il ait une chance de vivre (2/1-3).
-la vigilance d'une sœur qui veille (2/4).
-la désobéissance de la fille du pharaon qui recueillit l'enfant (2/5 et suivant).

Troisième piste :

Regarder les gestes de la fille du Pharaon.

Les mettre en synopse avec ce que fait le bon Samaritain (en Lc10 /25-37). Le bon Samaritain est figure du Christ. La fille du Pharaon est aussi figure du Christ.

Quatrième piste :

Considérer les conséquences de cette résistance et de ce salut :

Sans cette désobéissance : pas de libération, pas de naissance d'un peuple, pas d'alliance, pas d'entrée en terre promise…

Rien de tout cela, sans des femmes faisant échec à la mort.

Cinquième piste :

Regarder le fruit personnel qu'en tirent Chifra et Poua (1/21) :

la vie d'une nombreuse famille.

Le monde, médiateur de notre amour pour Dieu

Dans le livre de l'Exode au chapitre 3 versets 1 à 12

Première piste :

Le verset un « Moïse faisait paître le troupeau de son beau-père Jéthro ».

C'est important de regarder ce travail de berger qu'accomplit Moïse car ainsi on peut se rendre compte que Dieu rejoint Moïse au milieu de son travail. C'est parce qu'il mène son troupeau, donc fait son travail, qu'il parvient à la montagne de Dieu. Je vous invite à rester à regarder cela. Donc un travail « profane » peut être le lieu pour chercher et trouver Dieu. Important car on a parfois inconsciemment la fausse idée que les choses sont un obstacle et qu'il faudrait les fuir pour être vraiment à Dieu. Non, ce monde nous a été donné pour qu'il soit médiateur de notre amour pour Dieu. Prendre soin du monde, des autres, de soi est expérience spirituelle.

Regarder cela au cœur de ma vie. Qu'est-ce qui dans l'usage que je fais des choses, du monde, de ma vie, du temps, de l'argent, est une aide pour trouver Dieu et l'aimer ?

Donc en regardant Moïse prendre soin de son troupeau, regarder en quoi les actes de ma vie dans son plus concret et son plus humain sont une aide pour louer Dieu.

Deuxième piste :

Le verset deux « Dieu lui apparut dans une flamme de feu du milieu du buisson. Il regarda : le buisson était en feu et le buisson n'était pas dévoré. »

Regarder le buisson qui est en feu et pourtant ne brûle pas.

Comprendre que la présence de Dieu est éclairante comme feu, réchauffante comme un amour mais qu'en aucun cas, elle ne détruit !

Je prends le temps de regarder cela, pour laisser mon cœur entrer dans l'abandon, la disponibilité, dans la certitude que Dieu ne veut que du bon pour moi.

Troisième piste :

Le verset trois « Je vais faire un détour pour voir cette grand vision ».

Regarder Moïse, on nous dit qu'il voit ce buisson et fait un détour pour voir cette chose extraordinaire. Ce détour de Moïse, je vous propose de l'accueillir ainsi : ne pas vouloir une chose plus qu'une autre mais regarder notre Dieu, avoir les yeux fixés sur Lui.

En regardant ce détour, je prends le temps d'abandonner à Dieu toute chose, tout projet, toute préférence pour ne voir que Lui, pour Le préférer, Lui.

Quatrième piste :

Le verset quatre « Moïse, Moïse…me voici ».

Entendre ces deux mots.

Celui de Dieu : Moïse.

Celui de Moïse : me voici.

Les entendre pour moi et entendre mon prénom.

Dire comme Moïse, un « me voici » inconditionnel, l'inconditionnel de la confiance.

Cinquième piste :

Le verset cinq « Le lieu où tu te tiens est une terre sainte ».

Dieu déclare cette terre sainte : elle est le lieu d'une rencontre cœur à cœur avec Moïse.

Oui la terre de notre vie est sainte. Donc un appel à en prendre soin.

Entendre cet appel. Appel à prendre soin de ma vie, de dire des oui et des non dans la mesure où cela la sanctifie xxxx, de dire des oui et des non dans la mesure où cela l'abîme…

Entendre cet appel à investir mon désir dans ce qui accomplira vraiment ma vie dans l'amitié avec Dieu.

Sixième piste :

Les versets 6 à 10

Regarder le visage de Dieu qui se révèle en ces lignes : Dieu qui ne résigne pas à l'injustice, qui la voit et veut la combattre par nos mains.

Le désir de Dieu rejoint et réveille le profond désir de justice de Moïse.

Ecouter la mission confiée à Moïse car on peut y entendre le désir de Dieu : Dieu nous révèle qu'Il nous veut libres. En regardant le désir de liberté que Dieu a pour nous, sentir qu'Il veut « élargir l'espace de notre tente », ré-ouvrir notre vie.

Laissons entrer le souffle de cette liberté dans notre cœur pour que du neuf, de l'imprévu puisse advenir.

Offrir sa pauvreté

Dans le 1er livre des Rois au chapitre 17 versets 1 à 15

Elie vit à une époque troublée de l'histoire de son pays. Nous sommes au 9ème siècle avant JC. Depuis David et Salomon, le royaume s'est divisé en deux. Xxx les rois qui se succèdent ne sont bons à rien, injustes. De plus, ils renient plus ou moins leur foi au Dieu unique.

Certains n'acceptent pas cette situation et s'opposent ouvertement au roi. Ce sont les prophètes. Elie est l'un d'eux.

Cette situation est celle de certains pays encore aujourd'hui. Et même sans évoquer des situations dramatiques, nous avons tous et toutes à vivre des situations difficiles. Parce que de ce fait, ce prophète, ce qu'il dit, ce qu'il fait, va nous rejoindre dans notre propre vie.

Première piste :
Il va se cacher au torrent de Kerit à l'est du Jourdain.
Il le fait sous l'inspiration de Dieu : expérience de solitude, de désert pour entendre une Parole de Dieu qui peut nourrir.
On peut faire un parallèle avec Jésus qui a pris ce temps de 40 jours au désert pour fonder sa vie dans l'écoute de la Parole.

Deuxième piste :
Toujours sous l'inspiration de Dieu, il va ensuite à Sarepta : « Lève-toi et va à Sarepta». C'est à une veuve que Dieu confie le soin de le garder en vie, une veuve d'un pays étranger.

« Apporte-moi donc un peu d'eau » lui demande-t-il.

Là aussi, on peut faire un parallèle avec Jésus. Il demandera aussi à boire à une femme samaritaine, une étrangère.

Et de ce point de vue, Elie est préfiguration du Christ.

On peut entendre cette parole pour nous aussi. Dieu lui-même qui est en attente, en demande. Que demande-t-Il ? Notre présence, notre amour...

Troisième piste :

Pour cette femme, donner à boire est de l'ordre du possible.

« Elle allait la chercher », nous dit le texte. Mais quand Elie demande à manger, là les choses deviennent impossibles.

Cette femme est au bord de la mort, la famine est terrible, elle n'a plus qu'un peu de farine et un peu d'huile, de quoi faire encore un pain pour elle et son enfant, et mourir ensuite.

Il peut y avoir pour nous des situations similaires même si elles ne sont pas aussi dramatiques.

Cela peut être ce qui semble sans solution, quelque chose qui bloque en nous, une pauvreté, une blessure, une désespérance, un à quoi bon.

Alors on peut reprendre à notre compte les mots de cette femme en les adaptant à notre situation :

Je n'ai pas...

Je n'ai qu'un...

Quatrième piste :

Si je fais, je vais pouvoir entendre les paroles du prophète pour moi-même.

Je vais l'entendre me dire : « Ne crains pas ». Appel à la confiance, appel à un don : donne-moi ce que tu as, c'est à dire ce qui te préoccupe, donne-moi le peu que tu as et quelque chose de neuf pourra naître en ta vie : « jarre de farine ne s'épuisera, cruche d'huile ne se videra ».

Cinquième piste :

Elle alla et fit comme lui avait dit Elie.

Cette fois-ci cette femme étrangère préfigure Marie dans son « qu'il me soit fait selon ta parole » (dans l'Evangile de Luc chapitre 1 verset 38) et aussi l'appel qu'elle fait aux serviteurs de la noce : « tout ce qu'Il vous dira de faire, faites-le » (dans l'Evangile de Jean chapitre 2 verset 5).

Rester à regarder ce geste de confiance pour qu'il emplisse mon cœur.

S'ouvrir à l'inattendu

Dans le 2ème livre des Rois au chapitre 5 versets 1 à 15

Première piste :
Nous avons besoin des autres.
Regarder toute la chaîne de gens qui se relaient pour que Naamân cesse d'être lépreux : une petite fille qui informe de la possibilité d'être guéri ; un roi qui donne une fortune à offrir au roi d'Israël ; un prophète qui ose faire des reproches au roi d'Israël ; des serviteurs pleins de sagesse qui lui font comprendre son erreur de jugement.
Regarder tous ces gens. Sans eux, Naaman n'aurait pas été guéri. Il en a fallu des gens ! Les regarder, sonder le poids de bonté que comportent leurs initiatives.
Ensuite, faire mémoire dans ma vie aussi de cette chaîne de ceux qui m'ont aidé-e dans telle ou telle circonstance.

Deuxième piste :
Notre part d'initiative.
Regarder Naamân. Regarder la part qu'il prend à sa guérison : il sait écouter ce que lui dit la petite fille ; il s'adresse à son roi car lui seul peut l'envoyer ; il se rend chez le prophète ; il écoute ses serviteurs qui le ramènent à la raison. En définitive, il fait ce que le prophète lui demande. Il reconnaît Dieu comme source de toute bonté.
Admirer tout ce qu'il fait pour retrouver la santé, la force du désir quand la vie est en jeu. Faire mémoire dans ma vie, de moments où j'ai su écouter ce que d'autres me disaient, où j'ai pris les moyens pour faire réussir ce qui était juste.

Troisième piste :

Le pourquoi de nos résistances.

Regarder la réaction de Naaman quand Elisée lui demande de se baigner sept fois dans le Jourdain. Pourquoi refuse-t-il ? Il se faisait une idée de la manière dont le prophète agirait : « Sûrement il sortira et se présentera lui-même, puis il invoquera le nom de Yahvé son Dieu, il agitera la main sur l'endroit malade et délivrera la partie lépreuse. ». Puisque le prophète n'agit pas comme il le pensait et lui propose une autre manière d'être guéri, il la refuse avec colère.

Pourquoi ce refus ? Pourquoi cette résistance ?

Ai-je souvenir dans ma vie de foi d'avoir ainsi été dérouté-e ? Où Dieu s'est présenté à moi d'une manière inattendue, pas comme je l'imaginais ?

Quatrième piste :

Un changement d'attitude.

Au verset 9, on nous dit que Naamân ne rentre pas chez Elisée.

Il s'arrête à la porte de sa maison. Au verset 15, par contre, on nous dit qu'il entre chez lui.

M'interroger sur ce changement d'attitude. Qu'est-ce qui peut l'expliquer ?

Cinquième piste :

Un cri de reconnaissance.

"Oui, je sais désormais qu'il n'y a pas de Dieu par toute la terre sauf en Israël ! » Voilà le cri de reconnaissance de Naamân.

L'entendre avec toute sa force de joie. Joie de la foi. Qu'est-ce qui dans ma vie, m'a déjà fait pousser un cri semblable ?

L'amitié est une écoute réciproque

Dans le livre du prophète Isaïe au chapitre 28 versets 23 à 29

Vous êtes devant celui qu'on nomme Dieu, mystère d'une Présence au-delà de toute pensée, de toute image, de toute représentation et pourtant Le très proche, au plus intime de soi.

Prendre conscience que nous sommes « tabernacle » de Sa Présence.
L'entendre vous dire : « Comment vas-tu ? » car Il est aussi l'ami qui s'intéresse à nos vies.

Le laisser m'écouter pour ensuite, en réciprocité, L'écouter à mon tour.
L'écouter dans le prophète Isaïe.

Première piste :
Prêtez l'oreille et entendez Ma voix ; soyez attentifs, entendez Ma parole.
C'est une demande que Dieu fait, comme une prière qu'Il nous adresse, l'expression d'un désir.
Dieu a-t-il besoin qu'on L'écoute ? Oui, car l'amitié est une écoute réciproque…et nous sommes Ses amis (Jn 15/15).
Que dit-Il ?

Deuxième piste :
Le laboureur passe-t-il tout son temps à labourer ?
Qui est ce laboureur ? Dieu qui laboure notre vie, qui la travaille pour la rendre meuble à sa Parole, pour que la terre de nos vies y soit accueillante, réceptrice. Moment qui peut être douloureux, blessure de la terre, mais blessure comme

ouverture à la vie. Mais ce travail de Dieu ne se fait jamais sans nous, sans notre consentement.

De plus, Il ne passe pas tout son temps à labourer, vient ensuite le temps des semailles pour la moisson. Quelle expérience de cela dans nos vies ?
Qui est ce laboureur ? C'est également chacun de nous pour prendre soin du champ de vie à nous confié.

Troisième piste :
Ne jette-t-il pas nigelle, ne répand-il pas le cumin puis il met blé, millet, orge…
Le laboureur sème de bonnes choses : condiments et aromates qui donnent goût aux aliments, céréales dont on fera du pain.
Faire mémoire de ce que Dieu a semé dans notre vie : ce qui donne goût à la vie et ce qui la nourrit. Quel est le cumin ou les cumins de notre vie, ce qui donne goût à la vie. Comment en parfumer notre vie ?

Quatrième piste :
On n'écrase pas, on ne fait pas passer les roues, on ne broie pas…
mais on bat au fléau le cumin et on foule le froment.
Merveilleux conseil.
Le cultivateur ne traite pas tout de la même façon.
Manière de Dieu mais surtout conseil qui nous est donné.
Hiérachiser…distinguer…

" Tu as du prix à mes yeux et je t'aime"

Dans le prophète Isaïe au chapitre 43 versets 1 à 4

Première piste :
« Ainsi parle le Seigneur ».
Ecouter cette parole. Faire un acte de foi : oui, je crois que ce texte s'adresse à moi.

Deuxième piste :
« Ton créateur ».
Entendre cette parole. Elle me dit que Dieu est la source de ma vie.
Toute ma vie, tout ce que je suis.
Comprendre que c'est une bonne nouvelle pour moi : je suis désiré-e du cœur de Dieu puisque il m'a créé -e.

Troisième piste :
« Ne crains pas ».
Laisser résonner cette phrase qui retentit 265 fois dans la Bible.
Dieu sait qu'il peut y avoir des peurs en nous.
Parler à Dieu des peurs qui sont les nôtres. Et sur chacune, écouter Dieu qui vous dit : « Ne crains pas ».

Quatrième piste :
« Je t'ai appelé -e ».
Sentir toute la dignité de tout être humain qui est contenue dans cet appel. Nous sommes appelé -es à la vie, appelé -es à connaître Dieu, appelé -es à vivre de Sa vie. Quelle dignité ! Pour tous, pour moi. Laisser Dieu me dire l'estime qu'Il a pour moi. Dire plusieurs fois mon prénom et me rendre vraiment compte que Dieu m'appelle par mon prénom car Il désire une relation d'amitié avec moi.

Cinquième piste :
« Tu es à moi ».
On peut avoir du mal à entendre cette phrase pourtant. Mais appartenir à Dieu, c'est appartenir à l'amour, appartenir à un amour qui n'emprisonne pas mais libère.
Goûter cette phrase comme les mots d'un amour : je suis à toi, tu es à moi.

Sixième piste :
« Si tu traverses les eaux, je serai avec toi ».
Ecouter la promesse qui est faite : je serai avec toi.
Faire mémoire des moments de ma vie où j'ai eu conscience qu'Il était avec moi.
M'appuyer là-dessus, pour faire confiance dans l'avenir. « Je suis avec vous pour toujours » dit Jésus en Mt 28/20.

Septième piste :
« Car je suis le Seigneur…tu comptes beaucoup à mes yeux, tu as du prix, et je t'aime ».
La raison de tout cela, c'est Dieu Lui-même, la raison de Son cœur. Il a voulu m'aimer. C'est Son choix et je ne peux le changer !

Laisser résonner ces mots fabuleux : je compte aux yeux de Dieu, j'ai du prix à Ses yeux.
Laisser retentir en moi cette déclaration d'amour que Dieu me fait :
Il me dit : « Je t'aime ».

Une recherche mutuelle

Dans le livre du prophète Isaïe au chapitre 55 versets 6 à 11

Première piste :
Entendre cet appel à rechercher Dieu.

Me demander comment je Le recherche dans ma vie concrète. Et pourquoi je Le recherche : quelles sont les raisons de cette recherche. Nous Le cherchons bien tous et toutes.

Deuxième piste :
Ecouter ce qui nous est dit de Dieu dans ce texte : un Dieu qui se laisse trouver. Un Dieu qui est proche, Dieu de tendresse et de pardon.

Quelle expérience ai-je de cette proximité, de cette tendresse, de ce pardon ?

Une bonne nouvelle pour toutes et tous

Dans le livre d'Isaïe au chapitre 61 versets 1 à 2a et 10 à 12

Première piste :

Une prophétie qui se réalise, une bonne nouvelle de libération.
Qui est cet envoyé sur qui repose l'Esprit pour porter la Bonne Nouvelle et annoncer la délivrance ?

Le prophète Isaïe l'annonce mais ne l'a pas vu de ses yeux.
C'est ce que Jésus dira en Mt 13/16-17 :

"Quant à vous, heureux vos yeux parce qu'ils voient ; heureuses vos oreilles parce qu'elles entendent. En vérité je vous le dis, beaucoup de prophètes et de justes ont souhaité voir ce que vous voyez et ne l'ont pas vu, entendre ce que vous entendez et ne l'ont pas entendu ! »

Quand Jésus se présente à la synagogue de Nazareth (Lc4/14-21) Il ouvre le livre d'Isaïe à cet endroit et reprend presque mot pour mot la prophétie en se l'attribuant. « Cette parole de l'Ecriture que vous venez d'entendre, c'est aujourd'hui qu'elle s'accomplit ».

C'est donc bien lui l' « Envoyé ». Entre cette prophétie d'Isaïe et sa réalisation en Jésus, nous avons la cohérence du projet de Dieu. Dieu n'a pas changé de projet. Et nous voyons dans la vie de Jésus, la réussite de ce projet, le changement qu'Il inaugure et aussi l'appel qu'Il nous adresse.

Jésus a commencé ce règne. Il a besoin de nous pour le continuer.

Pour cela il est bon de reconnaître mes limites et d'accueillir ma pauvreté. Accepter d'être guéri -e, me laisser libérer par le Christ pour ensuite et ensuite seulement partager ce que j'aurai expérimenté. Cela me permettra alors de reconnaître qu'en toute femme, en tout homme de bonne volonté Il fait germer la justice et la louange. Car son Esprit est à l'œuvre en toutes les nations.

Décider de s'associer à Son œuvre pour qu'il y ait dans notre monde, moins de mensonge et plus de vérité.

Vivre dans Son alliance pour que chacun-e puisse marcher librement.
Entendre que Dieu nous aime, travailler à ce que la vie soit plus forte que tout, combattre toute injustice.

Deuxième piste :
Un tressaillement de joie.
Marie aussi a repris ce texte d'Isaïe 61, presque mot pour mot quand, dans son magnificat, elle déclare : « Mon esprit exulte en Dieu mon sauveur » (Luc 1/47). Mais ici c'est l'Envoyé qui tressaille de joie. C'est en cohérence avec Luc 10/21 où nous lisons que Jésus « exulte de joie sous l'action de l'Esprit Saint ».

Mais le plus étonnant, c'est la comparaison que l'Envoyé prend pour exprimer sa joie. Cette joie est comparable à celle d'un jeune époux se parant du diadème, comparable également à une mariée mettant ses bijoux. Cela donne une figure à la fois féminine et masculine de Dieu. Image inclusive, suffisamment rare pour mériter d'être remarquée. Elle dit un universalisme où femmes et hommes sont vraiment "icônes" de l'Envoyé.
M'ouvrir à cette joie. Joie parce que « le Seigneur fera germer la justice et la louange devant toutes les nations » Oui, la bonté du Seigneur est pour tous... et toutes !

Dieu à l'image d'une mère qui n'abandonne jamais

Dans le prophète Osée au chapitre 11 versets 1 à 9

Première piste :
Porter son attention sur ce qui nous est dit de Dieu dans ce texte.
C'est un amoureux qui fait une déclaration d'amour : « je l'ai aimé ». Il rappelle sa solidarité avec l'acte de libération : « d'Egypte, j'ai appelé mon fils », c'est à dire que je l'ai libéré de l'esclavage d'Egypte (cf le livre de l'Exode). Il se présente comme une mère qui élève ses enfants, qui apprend à marcher, qui prend dans mes bras, qui prend soin d'eux, qui mène avec des liens d'amour, qui pose contre sa joue et donne à manger.

Prendre du temps pour regarder cela, se réjouir de ce qui est dit de Dieu là. Me laisser aimer comme cela. Goûter cet amour maternel de Dieu.

Deuxième piste :
Considérer la réponse ingrate d'Israël décrite par le prophète Osée.
Ils se sont détournés, ils ont offert des sacrifices et rendu un culte à des idoles (des faux dieux), ils se sont endurcis dans leur refus de Dieu. Dans la Bible, l'idolâtrie est le péché par excellence. C'est adorer quelque chose qui n'est pas Dieu.

Il y a l'idole du pouvoir, de l'avoir auquel on sacrifie le reste au mépris des gens.
C'est à la racine de la misère dans le monde, de la violence. Il y a l'idole du fanatisme, du racisme source d'injustice etc… Tout cela, c'est se détourner de Dieu, se détourner de l'Amour qui est Dieu.

Peser la laideur de ces situations, sentir que Dieu refuse que cela. Communier à la douleur que Dieu a de ces situations, car comme le dit le texte cela « extermine, dévore », défigure ce que Dieu a voulu.

Troisième piste :

Dieu nous dit là, qu'Il n'interviendra pas pour faire cesser cela. Mais qu'Il est avec nous pour combattre ce qui est « malade » dans notre monde et pour bâtir un monde plus juste, un monde où seul l'Amour est premier. Amour des autres, du monde, de Dieu.

Entendre le cri de Dieu : « Comment pourrais-je t'abandonner Israël ? »

"Merveille que je suis"

Dans le Psaume 138/139

Se couler dans la prière d'un autre : l'auteur du psaume 138/139
C'est quelqu'un qui sait qu'on peut parler à Dieu et Lui dire tout ce qu'on a sur le cœur.

Avant de prier avec ce psaume, je vous invite à parler à Dieu de manière spontanée. Dieu vous demande : « comment vas-tu ? » et vous Lui répondez.

Justement cette familiarité avec Dieu, ce croyant en a l'expérience. Il sait que Dieu est Celui à qui on peut parler, à qui on peut se confier, que l'on peut questionner et même à qui on peut faire des reproches !
Oui familiarité avec Dieu à qui on dit « tu ».

Première piste :
Il n'est pas forcément facile de rentrer dans l'intelligence de ce psaume : pour dire la familiarité, l'auteur utilise les mots de la dépendance. Nous pouvons mal les accepter, nous imaginer un dieu qui voit tout, qui sait tout, un dieu qui nous surveille…Ce sont de fausses images.
Est-ce ainsi que nous le comprenons ou est-ce que nous l'accueillons autrement ?
Sondons notre cœur et parlons à Dieu de cela.

Deuxième piste :
De ce fait on comprend mieux que le psaume commence par
« Tu me sondes », une affirmation qui n'est pas sans résistance, c'est un constat, du genre : « Même si ça ne me plaît pas, c'est comme cela ! »

Mais le psaume se termine par « sonde-moi ». Là, c'est une demande, un désir, ce que l'on veut vraiment.

Dans la prière de ce psaume, je vous invite à regarder le chemin que fait ce croyant : ce passage d'une situation à laquelle on ne peut rien à une demande personnelle, à quelque chose qu'on veut, à un désir fort.
Qu'est-ce qui lui permet de faire ce passage ?

Troisième piste :

Il peut y avoir une difficulté à prier ce psaume : ce sont les versets 19 à 22
Voici une piste possible : « Impies, hommes de sang, adversaires, ennemis, assaillants » Qui sont-ils ? Non pas des gens particuliers mais ce qui en chacun de nous s'oppose à la vie, ce mal qui rôde et détruit et dont personne n'est indemne, ces fausses images de Dieu qui nous empêchent d'accueillir Dieu dans la confiance.
Qui sont-ils pour moi ?

Quatrième piste :

Jésus a pu prier ce psaume en complet abandon et confiance.
Le verset 18 est une annonce de la Résurrection : « je m'éveille, je suis encore avec toi ».
Relire ce psaume en pensant que Jésus l'a prié.

Cinquième piste :

S'étonner de ce qui est dit de nous, de moi au verset 14. C'est le sommet de ce psaume. « Merveille que je suis ».
Laisser descendre cette révélation de moi, de moi, au plus profond de mon être. C'est le regard de Dieu sur moi. Alors Le laisser sans crainte me regarder puisqu'Il y voit la merveille que je suis.

Le Très-Haut qui se fait Très-Bas

Dans l'Evangile de Matthieu au chapitre 3 versets 11 à 17

Première piste :

Regarder Jean. Il a conscience qu'avec Jésus arrive un dépassement de son horizon. Jésus le dira aussi. Pas de plus grand que Jean mais il est le plus petit dans le Royaume. Quelle est cette petitesse par rapport au Royaume inauguré par Jésus ? La petitesse d'être encore sous le régime d'un baptême d'eau pour le repentir alors que Jésus va introduire un baptême d'Esprit qui est pure grâce de Dieu. C'est la grâce de se recevoir comme fille ou fils du Père qui nous change et non une démarche volontariste.

Faire mémoire de mon itinéraire de foi. Quel chemin parcouru de Jean à Jésus, de la férule de la loi à la liberté de l'Esprit ?

Deuxième piste :

Continuer à regarder Jean. Au contact de Jésus, il va opérer une vraie conversion de son image de Dieu.
Dieu n'est pas Celui à qui on vient mais Celui qui vient vers nous. La conversion n'est pas d'abord morale, elle est accueil de Dieu qui vient à nous, elle est dans l'attitude de se laisser aimer, de Le laisser faire.
Profiter de ce moment, maintenant pour me laisser aimer par Dieu, m'abandonner, Le laisser faire.

Troisième piste :

Regarder Jésus au milieu de la foule qui attend Son tour. Le regarder attendant comme tout le monde sans privilège.

Un homme au milieu d'autres. Regarder Jésus qui rentre dans l'eau jusqu'au cou, entièrement enseveli par l'eau. Il descend dans cette eau à l'image de l'Incarnation. Dieu Très-Haut qui se fait Très-Bas pour nous rejoindre. Il n'a pas besoin de baptême, mais rentrant dans l'eau, Il sanctifie toute la matière de nos vies. Il rend saint le plus quotidien de nos vies.

Me laisser étonner par ce que je vois, le Très-Haut qui se fait Très-Bas. Laisser parler mon cœur devant l'inouï de ce qu'il m'est donné à voir. Contempler l'humilité du Verbe qui S'est fait l'un de nous sans revendiquer aucun privilège. « Lui de condition divine ne retint pas jalousement le rang qui l'égalait à Dieu… » Ph2/6.

Quatrième piste :
Voir ce que Jésus voit : Il vit l'Esprit de Dieu. Entendre ce qu'Il entend : «Celui-ci est mon Fils bien-aimé, qui a toute ma faveur » C'est l'identité du Christ qui se dit là mais c'est aussi la nôtre. Nous sommes filles et fils avec le Fils. Il est l'aîné d'une multitude de frères et de sœurs. L'Esprit qui repose sur Lui repose aussi sur nous et nous établit prêtres du Très-haut qui s'est fait le Très-Bas pour que chacun se retourne vers Dieu et pour être les célébrants de Son amour. Il nous établit prophètes du salut pour écouter Sa parole, pouvoir en témoigner par nos actes, nos paroles et pour dire partout les merveilles de Dieu. Il nous établit rois et reines pour être au monde justice de Dieu et ainsi œuvrer à un monde selon le cœur de Dieu.

Laisser cette parole descendre au plus profond de nous : je suis sa fille, son fils bien-aimé. Comme le Christ, par mon baptême, je suis prêtre, prophète et roi. Regarder ma vie et voir quelle est ma manière personnelle de l'être. Comment je suis prêtre ? Comment je suis prophète ? Comment je suis roi ? Et nous le sommes !

Une liberté à recevoir et à partager

Dans l'Evangile de Matthieu au chapitre 4 versets 1à 11

Pour aborder ce texte, il est nécessaire de lire ce qui précède : le baptême de Jésus, (3/13-17) car cela nous révèle la source de sa liberté.
Le Christ est libre parce qu'Il est fils, parce qu'Il le sait, parce que de toute éternité, le Père Le lui dit.

« Celui-ci est Mon fils, l'Aimé en qui je me plais »
Etre fils en qui le Père se complait, c'est n'avoir rien à prouver, rien à conquérir, car tout est déjà donné, offert. Il ne peut pas avoir cette quête anxieuse, ce besoin de reconnaissance, cette avidité pour ce qu'on n'a pas, qui, pour nous, peut tellement nous rendre prisonniers des choses et des autres.

Entendre cette parole du Père au Fils, entendre comme une parole qui dit sa liberté et croire que ce n'est pas seulement pour Jésus mais qu'il est venu pour nous partager Sa liberté, pour nous ouvrir le passage, pour fendre les eaux et nous ouvrir le chemin à Sa suite.

Donc également, entendre cette parole aussi pour chacun de nous :
« Tu es mon fils, ma fille, l'Aimé -e en qui je me plais »
Après la source de la liberté, regardons-la à l'œuvre dans ce récit dit des tentations, mais qu'il faudrait mieux intituler le récit de la liberté du Christ.

Première tentation :
Jésus n'a rien à prouver, Il est le Fils et le diable Lui demande de le prouver.
Il part d'un doute : « si tu es… » La liberté de Jésus, c'est de croire la parole du Père. La prison pour nous c'est souvent d'écouter d'autres voix, d'écouter la parole de soupçon.

Et de ce point de vue ce récit est l'antidote du livre de la Genèse au chapitre 3: l'écoute du soupçon sur Dieu que le diable insinue faisant croire que Dieu est jaloux et ne veut pas tout donner.

Notre liberté c'est de croire, qu'à la suite de Jésus, co-héritier-es avec Lui, Lui le Fils aîné, Dieu nous a tout donné puisque nous sommes Ses filles et Ses fils.
Ecouter la réponse de Jésus :
« Il est écrit : ce n'est pas de pain seul que vivra l'homme, mais de tout mot sortant de la bouche de Dieu ».
Jésus ne dit pas : je te dis que ce n'est pas…
Il dit : « il est écrit » En même temps, Il s'efface devant une parole, une objectivité qui ne dépend que de Dieu, et en même temps, c'est éminemment Sa parole, la sienne, Lui qui est la Parole du Père.

Donner cette Parole, c'est Sa mission et c'est équivalant : se donner. Jésus en renonçant à faire de ces pierres du pain pour Lui, va pouvoir un jour de Sa vie publique, faire de quelques pains, une multitude de pains ; faire d'un pain Son corps pour la multitude. Cette objectivité de la Parole est aussi pour nous la source de notre liberté, cela ne dépend pas de nous, de notre bonne ou mauvaise disposition : la Parole nous fait vivre.

Ce qui est de nous, c'est d'y consentir, de nous laisser vivre par Elle.
Nous recevoir de Dieu qui prouve notre vie. Pauvreté qui est source de fécondité.

Deuxième tentation :

Entendre le deuxième piège à la liberté :

« Il le met sur le faîte du temple…jette-toi en bas…car il est écrit : à ses anges, il commandera pour toi ».

Il n'y a rien à prouver devant Dieu et rien à prouver devant les autres.

Le piège du diable est le refus de la liberté : s'imposer par l'évidence et non par le lent cheminement de la foi. « Fais cela et on croira à toi, on sera forcé de croire en toi. »

Il y a dans le refus de cette tentation, un respect de nous -même : on n'impose pas la foi. Elle est lent travail d'éveil du cœur. Il y aura ce même refus quand Jésus dira qu'Il pourrait avoir des légions d'anges pour empêcher Son arrestation, refus qui va Le briser, qui va faire de Lui cette pierre rejetée par les bâtisseurs. Mais c'est ce refus libre qui fera de Lui la pierre d'angle, pierre de fondation du vrai temple de Dieu.

Appel pour nous à vivre ce même respect, qui peut nous aider à être libres par rapport à la réussite ou aux échecs. Confiance, attente, patience. Jusqu'à consentir au mépris. Etre méprisé plutôt que prisonnier de la quête des honneurs, du « à tout prix de la réussite ».

Entendre la réponse de Jésus « Tu n'éprouveras pas le Seigneur ton Dieu ».

A nouveau une parole derrière laquelle Il s'efface et qui est éminemment La sienne, mais cette fois-ci en « Tu ».

L'homme (est créé , non ??) crée pour louer, respecter…et non manipuler, instrumentaliser, utiliser.

Entrer dans une relation qui libère et qui n'aliène pas l'autre et moi-même. Ne pas vouloir avoir prise sur son origine mais sachant la source de ma vie qui est le Père, vivre ma vie en allant de l'avant, sûr d'une parole qui m'autorise à vivre ma vie, à l'inventer en pleine responsabilité. Cette liberté, Jésus nous interpelle directement, Il veut pour nous la même liberté qui est La sienne.

Troisième tentation :

Entendre le piège :

« Il lui montre… tous les royaumes…je te le donnerai si tu tombes et te prosternes »
Nous sommes dans la même stratégie que dans le livre de la Genèse au chapitre trois où le serpent fait désirer un fruit en montrant combien il est bon. La séduction par le voir pour désirer la puissance.

La stratégie du démon, c'est le donnant-donnant : la puissance au prix de la chute et du rejet de Dieu.
La stratégie du Père, c'est ce que Jésus dira en Jean : « Tout ce qui est à Moi est à toi, et tout ce qui est à toi est à Moi » et qui est dit aussi de notre relation à Dieu à la fin de la parabole des deux fils : « tout ce qui est à Moi est à toi » (Lc 15/31).
La stratégie du Père ce n'est pas le donnant-donnant mais le déjà donné de toute éternité.

Entendre la réponse de Jésus.
D'abord Sa victoire : le puissant ce n'est pas le démon, c'est Jésus, c'est Lui qui donne des ordres : « Retire-toi, va-t-en».
Le christianisme n'est pas rejet de la puissance, mais usage de la puissance comme forces neuves pour transformer ce monde, puissance de guérison et de résurrection.
La source de cette puissance, c'est l'adoration du Père qui libère de toute idolâtrie et libère nos forces pour servir ce monde.
Enfin je vous invite à lire la suite immédiate de ce passage des tentations,
On pourrait l'intituler : les fruits de la liberté :
Ouverture à l'universel : une lumière pour tous : (4/12-17)
Eveil de liberté qui se donne : (4/18-22)
Puissance de guérison et puissance sur le mal : (4/23-2)

Le bonheur de Jésus devient le nôtre

Dans l'Evangile de Matthieu au chapitre 5 verset 13 et au chapitre 5 versets 1 à 12

Pourquoi commencer par le verset 13 du chapitre 5 de Matthieu et ensuite seulement les versets 1 à 12 ?
Pour mieux comprendre la signification du sel dont parle Jésus.

Le sel donne du goût aux aliments, les Béatitudes donnent goût à la vie.
De même que le sel est nécessaire, de même les disciples ont dans le monde une fonction unique et irremplaçable, source de saveur, de sens. Leur existence est dotée de nouvelles bases celle des Béatitudes.

Pour chacune de ces Béatitudes, il est important, d'abord, de regarder Jésus qui les a vécues. On peut faire mémoire des textes évangéliques qui nous le montrent, pauvre de cœur, doux, pleurant, assoiffé de justice, miséricordieux, pur, artisan de paix.
Il en a fait le sel de Sa vie.

Ce qu'Il nous dit là, c'est quelque chose qu'Il a expérimenté comme chemin de vie, et c'est pour cela qu'Il nous le propose.

Première piste :
Sel de la pauvreté du cœur :
Nous sommes faits pour le bonheur. Le vrai bonheur qui est l'amitié avec Dieu, l'expérience d'un cœur à cœur avec Lui.

C'est le vrai trésor et la vraie richesse. Cette amitié qui rend vraiment heureux, c'est le cadeau de Dieu.

Pour accueillir un cadeau, il faut des mains vides, un cœur de pauvre qui désire, qui attend, qui espère la seule vraie richesse qui est notre Dieu Lui-même.

Rendre grâce pour l'amour gratuit de Dieu qui aime le premier sans exiger rien en retour, qui donne Son amitié sans mérite de ma part, indépendamment de ce que je fais ou ne fais pas.

On n'a pas le pouvoir de Le faire « changer d'avis » à notre sujet !
Quelle expérience ai-je d'une pauvreté qui est source de richesse et de goût de vivre ?

Pauvreté qui est espace ouvert pour être rempli.
Faire mémoire de moment de ma vie où j'ai expérimenté cela.

Deuxième piste :
Sel de la douceur :
Quand on est pauvre de cœur pour être riche de Dieu, on accepte mieux ses faiblesses, ses fragilités, on devient doux envers soi-même et envers les autres. Dieu nous traite avec douceur et Ses manières deviennent les nôtres.
Sur quel point ai-je conscience que Dieu me prend avec douceur ?

Troisième piste :
Sel des larmes :
Béatitude des larmes, larmes de celui qui se reconnaît aimé de Dieu et qui pleure de L'aimer si peu en retour.
Larmes de la contrition du cœur.
« Pleurer de joie » : larmes de joie d'un bonheur humain après une longue attente…
Sont-elles venues un jour aux yeux de mon cœur ? Si non les demander comme une grâce insigne.

Quatrième piste :

Sel de la justice :

Faim et soif d'un monde juste, c'est à dire ajusté au projet de Dieu.

Faim et soif que nos vies plaisent à Dieu parce que ajustées à Son amour.

Mettre ce sel dans ma prière en priant pour tous ceux et celles qui luttent pour plus de justice.

Prendre conscience de ce qui dans ma vie est ajusté au projet de Dieu, des choix que je fais qui vont dans le sens de la justice, dans le sens d'un combat pour la justice, la dignité humaine. Rendre grâce à Dieu. Demander des forces neuves pour continuer.

Cinquième piste :

Sel de la miséricorde :

Heureusement qu'il y a la miséricorde de Dieu !

Dieu plus grand que notre cœur.

Dieu qui ne nous réduit pas à nos actes.

Dieu qui continue de nous aimer.

Dieu qui nous ouvre toujours un avenir.

Dieu patient qui ne désespère jamais de nous.

Me jeter dans les bras du Père et rester là à goûter la saveur de Ses bras, autant maternels que paternels, qui me pressent contre Son cœur.

Sixième piste :

Sel de la pureté :

Cœur pur et chaste qui renonce à se servir des autres, qui ne veut pas les posséder ni les dominer.

La chasteté est une attitude du cœur. Etre chaste, c'est ne pas instrumentaliser l'autre à mon profit.

Le cœur pur nous ouvre le regard sur le mystère de Dieu, Lui qui est pur amour de gratuité.

Examiner les relations que j'ai (famille, amitié, travail, engagement) mes attitudes permettent-elles aux autres d'être libres ou font-elles pression sur eux ? Selon le cas, remercier ou demander pardon et l'aide de Dieu.
Rester là sans vouloir autre chose que d'être là devant Lui, pour Lui.
Le laisser me purifier par le sel de Sa Présence.

Etre pauvre, doux, pleurer devant tant d'amour de notre Dieu, avoir faim d'une vie ajustée à Son projet, se livrer à Sa miséricorde, purifier son cœur au contact du Cœur du Christ…

C'est se pacifier et pacifier autour de soi, c'est être artisan de paix dans notre monde, sel de la terre.

Un appel à penser

Dans l'Evangile selon Matthieu au chapitre 18 versets 12 à 14

Première piste :

M'arrêter sur la question de Jésus : « Que pensez-vous de ceci ? »

Jésus pose souvent des questions (Que cherchez-vous ? Veux-tu guérir ? Que veux-tu que je fasse pour toi ? Combien avez-vous de pain ? Etc.)

Ici Sa question est un appel à penser. Il est donc dans la position de l'accoucheuse qui aide à la naissance d'une pensée propre.

Regardons Jésus dans cette attitude qui veut nous stimuler à une pensée personnelle.
Et acceptons cette invitation à penser.

Deuxième piste :

Il y a dans ce texte quatre images de Dieu que nous pouvons contempler.

Dieu nous veut pensants.

Dieu à notre recherche.

Dieu qui se réjouit.

Dieu qui veut qu'aucun de nous se perde.

Prendre du temps pour contempler ces quatre images.
Elles peuvent stimuler notre amour de Dieu révélé en Jésus.

Troisième piste :

Et s'il y avait une cinquième image ? Celle de Dieu qui a de l'humour ?

Dire qu'il y a de la joie pour une brebis perdue et retrouvée, c'est juste, mais dire qu'il y en a plus que pour les 99 qui sont restées bien sagement dans l'enclos, est-ce de la provocation ou de l'humour ? Il faudrait donc pour donner de la joie à Dieu, se perdre pour Lui donner plus de joie à nous retrouver ?

De l'humour ou peut-être simplement du réalisme car les 99 n'existent pas, nous sommes toutes et tous des brebis que Dieu cherche inlassablement. Et nous sommes chacune et chacun, uniques à Ses yeux.
Me réjouir de cela.

Un amour égal pour toutes et tous

Dans l'Evangile de Mathieu au chapitre 20 versets 1 à 16

Première piste :

Porter un regard de contemplation sur ce maître de la vigne. Sa patience, Sa persévérance à embaucher.

Qu'est-ce qui Le motive à agir ainsi ?

Deuxième piste :

Entendre ce qu'Il dit : « Allez-vous aussi à Ma vigne ».

Et sur fond de cette année qui commence, regarder la vigne qui est devant nous. Il nous y appelle.

Lui parler de telle ou telle portion de cette vigne qu'Il nous a confiée.

Troisième piste :

Les ouvriers qui ont travaillé une journée entière ou seulement une heure, reçoivent la même somme. Comment comprendre cela ?

Deux réponses…parmi d'autres :

-Une pièce d'argent, c'est la somme qu'il faut pour vivre. Pour Dieu, toute femme, tout homme a droit de vivre, donc à recevoir ce qu'il lui faut.

-La pièce d'argent symbolise l'amour de Dieu. Il est le même pour chacun-e.

Comment cela interroge notre vie en société ?

Quatrième piste :

« Moi, je suis bon ».

Laisser en nous résonner cette parole sur fond de celle de Sainte Thérèse Couderc (Fondatrice des Sœurs du Cénacle) : « Il est bon, Il est plus que bon, Il est la Bonté ».

S'imprégner de cette bonté.

Pas de fauteuil privilégié chez Jésus!

Dans l'Evangile de Matthieu au chapitre 20 versets 20 à 34

Première piste :

« Accorde-nous de siéger dans Ta gloire ».

Comprendre que le vrai sens du mot gloire, ce n'est pas ce qui nous vient immédiatement à l'esprit. Cela n'a rien à voir avec la renommée, le bruit qu'on peut faire autour d'un nom célèbre, la réussite, le prestige, les honneurs.

Dans la Bible, cela veut dire la richesse de l'être, sa plénitude, sa densité d'existence, son poids. Puisque Dieu est amour et qu'Il n'est que cela, la gloire de Dieu, c'est Son poids d'amour.

La demande de Jacques et de Jean peut donc être prise positivement : siéger, habiter Sa gloire, c'est nous enraciner dans l'amour, c'est une demande d'intimité, de proximité, être au plus près possible.

Deuxième piste :

On peut donc d'abord voir la manière dont Jésus aime, dont justement, Il vit de cette gloire Il est d'abord quelqu'un qui favorise l'expression du désir. Il leur permet de l'exprimer : « Que voudriez-vous que je fasse pour vous ? »

Il sait discerner, je dirais faire du tri dans cette demande, Il sait y voir ce qu'il y a de bon : ce désir de proximité et ce qui demande à être purifié car il n'y a pas de fauteuil dans le Royaume de l'amour. Fauteuil au sens de privilège, hiérarchie, préséance, place d'honneur.

C'est pourquoi Il ne fait pas de reproche. Il comprend qu'ils n'ont pas compris. Il accueille leur désir et va le purifier. Pas de fauteuil mais une coupe à boire et être plongé dans un baptême.

Sa réponse, on peut la comprendre comme cela : Vous avez raison de vouloir être associé à ma gloire, au sens fort de ce poids d'amour. Mais cela doit être un amour qui ne triche pas. Un vrai amour, donc humble et souffrant, car aimer amène forcément de la souffrance et c'est cela qu'ils n'ont pas compris.

Pouvez-vous être avec moi autant dans la souffrance que dans la joie ? Pouvez-vous Me suivre autant au jour de la Passion qu'aux jours de la Résurrection ?

Pouvez-vous partager Ma coupe et Mon Baptême ?

Regardons comment Jésus aime dans la délicatesse de ce dialogue : accueillir le meilleur du désir et le purifier. Mais aussi les appeler à une configuration avec lui : « Même nourriture et même boisson, me suivant dans la peine et dans la victoire », dira Ignace dans ses Exercices.

Troisième piste :
La réponse finale de Jean et de Jacques : « Oui, nous le pouvons ».

Personne n'est exclu de cette réponse. Si nous sommes baptisés et si nous participons à l'Eucharistie, oui, nous le pouvons puisque nous le faisons déjà. Nous avons été plongés dans les eaux du baptême et mieux, nous sommes baptisés, plongés en Christ, c'est du présent ! Et nous buvons à la coupe à chaque eucharistie. Et nous le faisons dans la mesure exacte où nous aimons d'un amour humble qui forcément inclut de la souffrance.

Quatrième piste :
Mais aussi nous le pouvons en écoutant l'enseignement qui suit sur le service.

Boire à la coupe et être plongé dans son baptême, c'est aussi se faire serviteur, renoncer aux formes diverses de domination, c'est que chacun soit le serviteur de tous. Sentez l'ambition que le Christ a pour nous dans cet enseignement sur le service. Il s'agit, oui, de devenir grand, oui, d'être le premier. Et cette ambition qui est celle des saints : être premier dans le don. Il y a bien de l'ambition mais pas à la manière habituelle.

Oui, nous pouvons boire à la coupe et être plongés dans Son baptême en vivant toute fonction, toute charge, tout travail, toute responsabilité comme un service.

Cinquième piste :

Il s'agit donc de regarder le Christ. Il n'est pas venu pour être servi mais pour servir. Oui nous le pouvons en Le regardant, en nous imprégnant de ce qu'Il est, de ce qu'Il fait.

Pour cela, on peut laisser remonter à la mémoire la vie du Christ vue sous l'angle du service.

Sixième piste :

« Donner sa vie en rançon ».

Ce mot peut nous arrêter et nous scandaliser ! Il ne faut pas le prendre au sens moderne du terme. Car alors on tombe dans une fausse image de Dieu.

La racine hébraïque de ce mot c'est le verbe délier, libérer. Il faudrait mieux traduire : donner sa vie pour nous libérer. Jésus en donnant Sa vie pour nous sur la Croix nous libère, en particulier de ces fausses images de Dieu. Sur la Croix, Dieu Se livre et veut nous désarmer de toute peur.

Le don de Sa vie sur la Croix, c'est l'extrême du don.

La Résurrection du Christ: pour quelle naissance en nous?

Dans l'Evangile de Matthieu au chapitre 28 versets 1 à 10

Première piste :

Regarder ces deux femmes unies dans la douleur.

Celui qu'elles aiment est mort. Celui qui savait aimer comme personne n'a jamais aimé, n'est plus. Celui en qui elles avaient mis tant d'espoir de libération est dans un tombeau.

Les rejoindre dans ce lieu-là et aller avec elles à ce tombeau en osant parler à Dieu de ce qui dans ma vie est de l'ordre de la tristesse, du découragement, etc.

Deuxième piste :

Regarder l'ange qui roule la pierre et s'assoit dessus.

Le tombeau n'est plus fermé, il s'ouvre à la lumière du jour, signe déjà que de l'inouï peut survenir.

Dans ma vie, quels ont été ces signes avant-coureurs de changement de nuit en lumière ? Dans ma vie d'aujourd'hui, quels signes de lumière je peux remarquer pour m'en réjouir avec Dieu ?

Troisième piste :

Entendre le discours de l'ange.

Il nous dit de ne pas craindre. Il reconnaît en nous ce qui habite notre cœur, la recherche du Christ. Il annonce la vie plus forte que la mort. Il indique où trouver Jésus : en Galilée, là où Il nous précède.

Quelle est la Galilée où dans ma vie Jésus me précède et où Il m'attend pour Le rencontrer ? En Galilée seulement ? Non, pas seulement, car dès maintenant aussi, dans l'obéissance à la mission reçue, ces femmes Le rencontrent. Aimer Jésus, c'est faire ce qu'Il dit. On peut donc Le trouver en toutes les activités faites pour Lui, selon Son esprit, en cohérence avec Son royaume.

Laisser retentir chacune de ces paroles, les laisser descendre en moi.

Quatrième piste :

Entendre Sa parole : « Je vous salue ».

La même que celle adressée à Marie à l'Annonciation. Parole pour une autre naissance, celle de Dieu au plus profond de nous. Je vous salue est un mot intraduisible en français, il dit à la fois salut, joie et grâce.

En le disant à ces femmes, c'est à chacun -e de nous qu'Il le dit. Pour quelle naissance en nous ?

S'ouvrir à un don d'absolue gratuité

Dans l'Evangile de Marc au chapitre 1 versets 1 à 15

Première piste :
Le début de l'Evangile de Marc se passe au désert.
Désert de la prédication du Baptiste, désert de la tentation du Christ .
Le désert c'est « la terre aride altérée sans eau » dont nous parle le psaume 62/2 mais cela peut être aussi cet espace privilégié de la rencontre avec Dieu car lieu de pauvreté, lieu de l'attente de Celui qui seul peut étancher notre soif. D'une certaine manière pour notre vie spirituelle, il faut toujours commencer au désert : désert du silence pour prier, désert d'un désir pour pouvoir recevoir.

Goûter tout simplement ce temps que vous vous êtes donné, ce temps que vous voulez donner à Dieu. Et aussi présenter à Dieu votre désir, votre soif, votre pauvreté, votre demande.

Deuxième piste :
Regarder Jean dans le désert, d'abord seul : sa solitude. Regarder l'union à Dieu que cela suppose.

Admirer la vie d'adoration que Jean a du vivre, désirer aussi cela pour soi, non pas pour devenir à notre tour ermite ! Mais pour désirer davantage une vie d'intimité avec Dieu.

Ensuite, se demander à soi-même : dans ma vie, quels lieux, quels temps, je me donne pour que l'intimité avec Dieu soit plus grande ?

Troisième piste :

Puis Le regarder entouré de toute cette foule qui vient de partout « tout le pays de Judée et tous les habitants de Jérusalem. » Pour mesurer combien une vie d'intimité avec Dieu peut être féconde et combien elle peut attirer.

Cette fécondité sera visible ou invisible, mais elle est. Le temps « perdu » pour Dieu est un temps gagné pour la vie du monde.

Quel place a ce temps « perdu » dans ma vie ?

Quatrième piste :

S'étonner qu'un homme de la carrure spirituelle de Jean s'efface devant un autre : « Voici que vient derrière moi celui qui est plus puissant que moi » Jean pressent que celui qui vient est infiniment plus grand que lui.

Il donne lui-même le signe de la différence entre celui-là et lui : « Celui-là baptisera dans l'Esprit Saint. » Cet Esprit fera mieux que la purification des péchés.

Oui se laisser étonner car ainsi nous allons mieux entrer dans la nouveauté spirituelle que nous apporte le Christ.

Cinquième piste :

Regarder celui qui vient. Il vient de Galilée, un pays qui n'était pas bien considéré, un pays mêlé.

Il vient comme les autres, parmi les autres. « Se faire baptiser, par Jean, dans le Jourdain » Pour la foule et Jésus, les termes sont semblables. Pourtant le texte note une différence étonnante : pour la foule on ajoute : en confessant leurs péchés. Pour Jésus, le texte ne le dit pas. Etonnant : il n'aurait pas de péchés à confesser celui qui vient pourtant de ce pays qu'on dit mal famé ! Qui est celui-là ? Bien sûr, nous connaissons la suite, nous savons qui est celui qui vient mais il peut être bon dans notre prière de désirer mieux le connaître pour l'aimer davantage.

« Demander une connaissance intérieure du Christ qui pour moi S'est fait homme, afin de L'aimer davantage. » (Ignace de Loyola)

Sixième piste :
Entendre la réponse à la question. Elle est dans cette voix qui dit : « Tu es Mon Fils bien-aimé, Tu as tout Mon amour»

Nous comprenons pourquoi Il n'a pas de péché à confesser : Il est tel que le Ciel peut s'ouvrir pour Lui et que Dieu peut vraiment Lui dire : Tu es Mon Fils. Il peut voir ce que les autres ne voient pas, entendre ce que les autres n'entendent pas. Nous avons là la vraie différence avec Jean-Baptiste : Avec Jésus, ce n'est pas ce qu'Il fait qui est important, ce n'est pas le renoncement, l'austérité mais ce qu'Il est : le Fils du Père. *Laissons-nous étonner, en prenant conscience que le Christ nous a faits co-héritiers avec Lui, Il est l'aîné d'une multitude de sœurs et de frères. Nous pouvons donc légitimement entendre pour nous aussi : « tu es Ma fille, Mon fils, tu as tout Mon amour ».*

Septième piste :
Matthieu et Luc racontent la scène des tentations au désert de manière plus développée.

Marc, lui est très sobre et va à l'essentiel.

1-Il est poussé par l'Esprit au désert; Il pourrait tout de suite commencer Sa vie publique. Eh bien non, il y a ce passage par l'épreuve et pour nous, c'est très important de contempler cela. Cela veut dire qu'Il a vévu des combats. Qu'Il a été victorieux de ces combats, et que nous sommes bénéficiaires de Sa victoire. Il a vaincu pour nous.

2-Il y demeure 40 jours : le peuple d'Israël avait vécu 40 ans dans le désert après la sortie d'Egypte et il avait été tenté, il avait succombé à la tentation. Lui, Jésus, est le nouvel Israël qui ne tombera pas. Quel est le secret de la fidélité du Christ ? Pourquoi Lui ne tombe-t-Il pas ? Parce qu'Il Se sait fils bien aimé du Père et sait que Son Père Lui a tout donné. Cela nous dit que c'est dans la mesure où nous croirons que le Père est Celui qui nous a tout donné que nous pourrons grandir en fidélité.

Huitième piste :
Ce pourrait être prendre davantage conscient du don qui nous est fait.
Dieu nous fait un don absolument au-delà de ce que nous pouvions imaginer.
Un don purement gratuit, une épiphanie sans raison, sans cause.

Jésus est venu pour un baptême dans l'Esprit Saint : une générosité absolue de Dieu. Rien ne peut nous rendre apte à la réception de ce don. C'est un appel à ne pas en rester au baptême de Jean qui est celui de nos efforts.

Ouvrons-nous à cette grâce, à ce don sans mesure, ce que nous ne pouvons pas nous donner à nous-mêmes. C'est de l'ordre d'un laisser faire Dieu, se laisser éduquer par l'Esprit Saint.

Dire le vrai et ne pas en vivre

Dans l'Evangile de Marc au chapitre 1 versets 21 à 28

Première piste :
Cet Evangile nous présente Jésus en acte d'enseignement ;
Quatre fois le mot enseignement, enseigner, dans ce texte.
Curieusement, le contenu de cet enseignement n'est pas donné : on ne sait pas ce qu'Il disait !
Frustration pour nous ? Ou plutôt un appel : être chrétien, ce n'est pas adhérer à une doctrine, c'est aimer quelqu'un : le Christ. Il est la parole, c'est Son être qui nous donne la vie, qui est chemin et qui nous ouvre à la vérité sur Dieu.
Son unique enseignement c'est Lui-même, ce qu'Il est, ce qu'Il vit, ce qu'Il fait.
Appel donc à Le contempler, Lui, la Parole faite chair. Contempler pour aimer.

Deuxième piste :
Regarder l'enseignement en acte, la Parole agissante et efficace.
Il enlève le mal qui est dans le cœur. Du coup, sans discours, Il parle et dit Sa mission : nous libérer.
D'abord rester là devant ce désir de Dieu : que sommes-nous pour Lui pour qu'Il n'ait de cesse que de nous rendre libres ?
Maintenir en nous l'étonnement devant ce que cela nous révèle de Dieu.

Troisième piste :
Regarder le face à face de Jésus et du mauvais.
Lumière et vérité que Jésus est, Il met à nu le mal, l'oblige à se démasquer, à sortir de l'ombre où il habite pour faire le mal incognito. La présence de Jésus le démasque.

La tactique du mauvais, c'est de passer inaperçu, c'est de faire passer pour bien un mal. Ici, il est dévoilé comme mauvais et ce dévoilement est déjà victoire de Jésus et défaite du mauvais.

« Es-tu venu pour nous perdre ? » est aveu de défaite.
Mais cette phrase, n'y a-t- il pas une part en nous qui le dit ?
Attachement en nous au mal, qui nous fait craindre l'action du Christ qui veut nous en libérer ?

Quatrième piste :
Ecouter la déclaration du mauvais : « Tu es le saint de Dieu »
Il dit la vérité : oui, Jésus est bien le saint de Dieu.
Mais cette vérité il la hait. Il dit la vérité mais il n'est pas dans la vérité ; il ne vit pas d'elle.

Il a une orthodoxie du discours mais une hérésie de la pratique.
Cela peut être le lieu d'une demande pour nous : demander non seulement de dire Dieu mais de vivre de Lui, de consentir à Lui, d'ouvrir à Sa présence toute notre vie.

Cinquième piste :
Les gens de la synagogue sont témoins de la nouveauté d'une parole et de l'inouï d'une action.
Quelle est leur réponse ? On nous dit qu'ils sont frappés par son enseignement et saisis de frayeur. Mais pas de vraie réponse, pas de véritable engagement.
Cela peut être un appel pour nous à sonder notre réponse. Comment je réponds à l'inouï de cette Parole et de cette Action ?

Sixième piste :

Au début du texte, il est dit : « ils pénétrèrent à Capharnaüm ».

Qui est ce « ils » ?

Jésus et les quatre premiers disciples qu'Il vient d'appeler.

Simon, André, Jacques et Jean.

Pourquoi cette victoire sur le mal après l'appel des quatre premiers ?

Pourquoi l'évangéliste l'a-t-il placé là ?

Ils sont quatre comme les quatre points cardinaux : signe qui dit la terre entière.

Eux ont donné leur réponse : suivre Jésus, se laisser sauver par Lui pour, à Sa suite, dans la puissance de Son Esprit devenir serviteurs de liberté au cœur de chacun.

Laissons résonner cet appel pour nous aujourd'hui.

Jésus l'époux de la nouveauté

Dans l'Evangile de Marc au chapitre 2 versets 18 à 22

Première piste :

Comme pour tout texte évangélique, il nous faut fixer nos yeux sur Jésus, fixer nos oreilles sur Ses paroles :

Ici Jésus parle de Lui en disant qu'Il est l'Epoux.

Cette manière de parler de Lui est très forte et mérite que nous passions du temps à méditer, contempler ce mot.

L'Epoux, c'est un des titres qu'on donne à Dieu dans l'Ancien Testament.

Jésus S'attribue ce titre, et nous avons par là, un indice de la conscience qu'Il a de sa filiation divine.

Cela peut nous aider à entrer dans la prière, cela peut être une porte d'entrée : « Considérer Celui devant qui je me tiens »

Je me tiens devant Jésus l'époux de nos vies.

Il a épousé nos vies pour les emplir de Sa présence.

Dieu à l'image d'un Epoux, et pas n'importe lequel, celui qui donne Sa vie sur la Croix.

Un Epoux qui prend soin de l'épousé que nous sommes, qui nourrit les épousés que nous sommes.

Mettons-nous en présence de Dieu qui est à l'image d'un Epoux, en bannissant toute crainte, dans un acte d'abandon.

Se comprendre comme désiré -e de Dieu. Comprendre Dieu comme un amoureux, dont l'amour est de toujours à toujours. Comprendre la relation à Dieu à l'image de noces, d'union, de communion.

Deuxième piste :

Jésus se présente comme l'Epoux présent mais aussi comme l'époux qui sera enlevé : « Viendra un temps où l'Epoux leur sera enlevé », dit-il.

Par là, Jésus, de manière allusive, annonce Sa Passion, la séparation de la mort.

L'Epoux leur sera enlevé. Il va passer par l'épreuve de la mort.

Ainsi donc nous sommes aussi devant Dieu mais Dieu crucifié.

Non le dieu impassible de nos imaginaires mais le Dieu vivant, à la fois époux de la joie des noces et Serviteur humilié qui prouve jusqu'où Il peut aimer et qui a fait l'expérience de notre souffrance pour être avec nous.

Ceci peut faire aussi comprendre ce qui se passe dans notre cœur. Nous faisons l'expérience de la présence de Dieu et de Son absence dans nos vies.

Pour entrer davantage dans ce mystère de Dieu Epoux présent et absent, je vous invite à lire lentement le Cantique des Cantiques puisque c'est le poème des amants qui se cherchent.

La bien-aimée cherche son bien-aimé.

« Vous tous en effet, baptisés dans le Christ, vous avez revêtu le Christ ».

En fait, cette étoffe toujours neuve, ce n'est pas quelque chose, c'est quelqu'un : c'est Lui-même.

Laissons le Christ nous revêtir.

Troisième piste :

Il est ensuite question d'un vieux vêtement et d'une pièce d'étoffe neuve, celle-ci ne pouvant servir à raccommoder le premier.

Quel est ce vieux vêtement ?

Question à se poser devant Dieu : Quel vêtement ancien à quitter parce qu'il m'empêche de revêtir le nouveau ? Quel combat en moi : ce qui est à perdre pour gagner le meilleur… ?

Quatrième piste :

Ensuite, il est question de vin. Quel est ce vin nouveau qui fait éclater les vieilles outres ?

Après le vêtement du baptême, voici le vin de l'Eucharistie. Vin des noces aussi, comme à Cana.

Vin de l'Esprit qui fait craquer les vieilles outres de ce qui doit mourir pour pouvoir ressusciter à une vie plus belle, plus neuve, plus vive, plus gorgée de vie.

Question à se poser devant Dieu

Quelles outres neuves en mon cœur, dans ma vie pour que ce vin nouveau ne se perde pas ?

M'abandonner au travail de Dieu

Dans l'Evangile de Marc au chapitre 4 versets 26 à 29

Première piste :

Ce texte nous dit que la Parole de Dieu est comme une graine. Comme une graine jetée dans la terre, elle va être jetée dans la terre de notre vie. Elle va faire son œuvre de vie en nous, elle va porter du fruit. Mais c'est un travail caché à nos propres yeux. Dieu travaille en secret notre cœur. C'est Lui qui fait. C'est Son travail.

Prendre donc un moment pour regarder cette semence qui pousse toute seule, qui se développe, qui devient herbe, puis épi, puis blé plein l'épi comme une image pour me montrer comment la Parole de Dieu agit dans ma vie : elle agit avec patience, lentement mais sûrement, ce n'est pas le résultat de ma volonté mais c'est le travail de Dieu.

Qu'ai-je envie de dire à Dieu devant cela ?

Deuxième piste :

Me laisser faire par elle, m'abandonner à son travail en moi, être comme une terre qui accueille.

Comment est-ce que je ressens cet appel à la confiance ? Facile ou difficile pour moi?

Se laisser aimer par Jésus

Dans l'Evangile de Marc au chapitre 6 versets 30 à 44

Avec ce texte je vous invite à ouvrir grands les yeux et les oreilles. Nous sommes avec Jésus, parmi ses disciples de retour de mission. Et c'est vrai. Apôtres de Jésus nous sommes envoyé-es par Lui au cœur de notre vie humaine, dans ce qui fait le plus ordinaire de nos vies.

Première piste :

D'abord Le contempler. Oui, Le regarder, s'imprégner de ce qu'Il fait, de Ses attitudes, de Ses sentiments avec au cœur un désir : Le connaître davantage pour mieux L'aimer. S'imprégner de Lui pour que quelque chose de Sa vie passe dans la nôtre.

- Il écoute ses disciples au retour de mission, attentif à ce qu'ils disent, comme aujourd'hui encore Il est attentif à ce que nous Lui partageons :
- Il part pour un lieu désert,
- Il est ému de compassion,
- Il voit la foule,
- Il enseigne longuement,
- Il fait asseoir les gens,
- Il rompt le pain et tous sont rassasiés.

Il s'agit de rester là à regarder et de sentir le poids d'amour qu'il y a dans tous Ses gestes, Ses sentiments.

Il aime en nourrissant de parole et de pain. Il aime en écoutant Ses disciples, il aime en les associant à Son œuvre.

Il s'agit donc de se laisser aimer par Jésus. C'est aujourd'hui, maintenant que Jésus fait cela pour chacun -e de nous : Il nous écoute avec attention, Il nous rompt le pain de Sa Parole, Il nous regarde avec amour. Laissons-Le nous aimer ainsi !

Il ne s'agit pas d'avoir des idées sur ce texte mais de vivre une expérience de rencontre avec le Christ.

Deuxième piste *:*
L'écouter. Soyons attentifs à ce qu'Il dit :
- venez à l'écart dans un lieu désert.
- reposez-vous un peu.
- donnez-leur vous-mêmes à manger.
- combien de pains avez-vous ?

Prendre du temps avec chacune de ces paroles. Laisser chaque parole descendre en nous profondément, pour faire œuvre de vie en nous. La laisser travailler en nous. Rester sur celle dont je sens que pour moi, elle est appel à vivre.

Troisième piste :
Ce pourrait être, à la fin de cette scène, de ne pas monter dans la barque comme les autres disciples mais un peu à l'écart contempler de loin Jésus, seul, priant. Rester à regarder cela : Jésus priant. Jésus en contemplation, Jésus en écoute du Père. S'imprégner de cette prière, être en simple présence devant la prière de Jésus.

Dieu est dernier, au service et enfant

Dans l'Evangile de Marc au chapitre 9 versets 33 à 40

Première piste :

Regarder la difficulté des disciples à entrer dans l'esprit de Jésus. Ils se disputent pour savoir qui est le plus grand. Et même, ils se prennent pour des maîtres qui ont des disciples. En effet, au lieu de dire « nous voulions l'empêcher parce qu'il ne Te suivait pas », ils disent : « parce qu'ils ne nous suivaient pas ».

Deuxième piste :

Ecoutons la question : Qui est le plus grand ? Cette question interroge nos échelles de valeur. Essayons d'y répondre. Qu'est-ce qui est grand pour nous ? Qu'est-ce qui est le plus grand ? Et ensuite confrontons nos réponses à la réponse de Jésus.

Troisième piste :

Ecoutons la réponse de Jésus. Il change d'abord le contenu de la question. Non pas le plus grand mais le premier. Et Il répond par trois images : le premier, c'est :

-le dernier

-le serviteur

-l'enfant

Trois situations qui sont dévalorisées dans la société qui est la sienne. Ecoutons ces trois réponses de Jésus. Elles sont en fait ses choix à Lui, ce qu'Il a choisi.

Il sera le dernier des derniers sur la Croix.

Il se définit comme celui qui sert.

Il s'est fait enfant dans son Incarnation.

C'est sa manière à Lui d'être premier. Son choix, Son ambition. Car il s'agit bien d'être premier mais à la manière du Christ.

Contemplons donc Jésus : dernier, serviteur, enfant.

Contemplons Dieu ainsi. S'étonner de la subversion que Jésus introduit ainsi dans l'image de Dieu. Dieu est le dernier, Il est le serviteur, Il est enfant.

Et on L'accueille en accueillant ceux et celles que l'on dévalorise.

Jésus, éveilleur de désir

Dans l'Evangile de Marc au chapitre 10 versets 46 à 52

Première piste :
Regarder Bartimée :
Il est mendiant, aveugle, assis mais il n'est pas sourd ni muet. Il entend que Jésus passe sur le chemin où il est. Il n'est pas non plus résigné. Plein d'espoir il crie vers Jésus.
Entendre par deux fois son cri : « Fils de David, Jésus, aie pitié de moi ».
Et moi, quel est mon cri ? Quel est mon désir ?
J'exprime ce désir à Dieu.

Deuxième piste :
Regarder la foule qui fait obstacle au désir de Bartimée :
« Beaucoup le rabrouaient pour lui imposer silence ».
J'essaie de voir ce qui dans ma vie est obstacle à la rencontre avec Jésus.

Troisième piste :
Regarder le changement d'attitude de la foule.
Parce que Jésus s'arrête et appelle Bartimée, la foule change d'attitude, devient aidante.
Entendre son encouragement pour moi. « Courage, lève-toi, Il t'appelle ».
Laisser cette phrase descendre en moi pour faire ce qu'elle dit.

Quatrième piste :

Regarder Bartimée, qui à cet appel, se lève, rejette son manteau, bondit.

M'emplir les yeux de ce dynamisme.

Et m'interroger : pour moi, quel serait le manteau à rejeter pour aller vers Jésus ?

Cinquième piste :

Regarder Jésus. Il a su entendre le cri de Bartimée.

Admirer Son attention aux personnes.

Ecouter la question qu'Il lui pose : « Que veux-tu que je fasse pour toi ? ».

Il ne sait pas à la place de l'autre. Il est éveilleur de désir.

Entendre cette question pour moi et y répondre.

Notre vie est le lieu de Dieu

Dans l'Evangile de Luc au chapitre 1 versets 26 à 38

L'Evangile est bien connu... Mais dans la prière, je peux faire l'expérience que la parole de Dieu me surprend et fait jaillir du neuf car elle est vivante!
Avant d'entrer plus avant dans la prière, je demande au Seigneur la grâce de la joie pour la vocation qui est la mienne.

Première piste :
L'initiative de Dieu :
On nous dit que l'ange Gabriel fut envoyé par Dieu dans une ville appelée Nazareth auprès d'une vierge appelée Marie. On peut rester sur ce point.
S'arrêter, s'étonner du désir de Dieu de nous rejoindre : oui Dieu veut nous rejoindre, se communiquer à nous, se donner à nous.

Deuxième piste :
La manière de faire :
Il y a l'étendue du monde, il y a l'étendue du temps et Il choisit une petite bourgade de rien du tout, Nazareth et une personne particulière : Marie.
Dieu n'aime pas en général, mais dans le plus concret de l'existence.
L'universel de Son amour est concret : en venant vers Marie, c'est vers chacun de nous qu'Il vient, en elle, Il rejoint les hommes et les femmes de tous les temps et de tous les pays.
Cette contemplation peut nous aider à aimer le quotidien de notre vie : ne pas chercher à trouver Dieu ailleurs que dans ce plus concret qu'Il a voulu Lui-même rejoindre.
Regarder cela pour aimer davantage notre vie qui est lieu de Dieu.

Troisième piste :

La raison de sa venue :

Elle est donnée par le nom de l'enfant : Jésus, c'est-à-dire Dieu sauve

Elle est donnée par : « le Seigneur est avec toi », l'autre nom de Jésus, c'est à dire l'Emmanuel.

Exposons notre vie à Sa venue pour qu'Il vienne sauver ce qui a besoin d'être sauvé.

Qu'est-ce que j'aimerais que Dieu vienne sauver dans ma vie ? Laisser monter en moi le désir du cœur, laisser monter à la conscience claire le désir, peut-être enfoui, que Dieu vienne sauver tel aspect de ma vie d'aujourd'hui ou de mon passé.

Quatrième piste :

La figure de Marie

Elle s'appelle Marie, mais un mot dans cet Evangile est comme un autre nom. Elle s'appelle « pleine de grâce » C'est à dire pleine de Dieu, pleine de la vie de Dieu, pleine de l'amitié de Dieu.

Entendre ces mots adressés à Marie comme nous étant adressés aussi.

Et si cela vous semble inconvenant, en vous disant que cela ne peut pas s'adresser à nous mais seulement à elle, allez voir en Ephésiens 1/3-14 et même tout le chapitre 1

Vous y verrez la même chose et même plus développée :

-nous sommes bénis de Dieu.

-nous sommes choisis.

-choisis pour être saints dans l'amour.

-prédestinés à être Ses fils.

-gratifiés de Sa grâce dans le Christ.

Cinquième piste :

Le discernement de Marie :

Marie est en train de prier, de faire oraison comme nous, l'ange n'est pas une vision, mais une révélation intérieure qui la bouleverse comme nous-mêmes quand il nous a été donné de faire l'expérience d'une parole intérieure.

Dieu est vraiment le Vivant, la Parole qui peut bouleverser nos vies.

Mais Marie ne prend pas pour « argent comptant » tout ce qui se passe dans son cœur, elle veut discerner, faire le tri, savoir si ce qu'elle entend au plus profond d'elle-même vient bien de Dieu.

Elle réfléchit, « elle réfléchissait à ce que pouvait être ce salut »

Elle interroge : « comment cela se fera-t-il ? »

Alors, qu'est-ce qui emporte son adhésion que c'est bien Dieu qui lui parle ?

Trois critères : paix, joie, force.

La paix : elle reçoit la Parole qui parcourt toute la Bible, Dieu qui ne cesse de dire pour nous apaiser : ne crains pas.

La joie : Dieu ne veut et ne peut donner que de bonnes choses, et la seule qu'Il veut nous donner c'est Lui-même : tu as trouvé grâce auprès de Dieu, Sa vie t'est donnée, tu es trouvée en Lui pour ta joie et la Sienne.

        La force : ce n'est pas toi qui feras, mais Lui en toi.

« car toute parole de Dieu s'accomplit avec puissance ; rien n'est impossible à Dieu ».

Marie l'a compris car à la fin elle ne dit: je le ferai mais « qu'il me soit fait ».

Oui, tout cela vient bien de Dieu, c'est pas Sa marque !

Appel pour nous aussi à discerner, à faire le tri dans ce qui se passe en nous dans l'oraison et notre vie : ce qui vient de Lui et ce qui ne vient pas de Lui, les chemins de vie auxquels Il m'invite et les impasses à éviter.

Passer cela au crible des ces trois critères : ce qui donne paix, joie tranquille, force.

Rendre visite, un acte spirituel

Dans l'Evangile de Luc au chapitre 1 versets 39 à 45

Première piste :

Regarder Marie qui se lève. Regarder cette décision qu'elle prend. A-t-elle mûri longuement cette décision ? On ne sait mais elle l'a prise. Se lever, c'est passer à l'action.
M'emplir les yeux et le cœur de cela pour que Marie me transmette son dynamisme.

Deuxième piste :

Regarder Marie qui se rend en hâte. Non seulement, elle décide mais met sa décision en œuvre en marchant d'un bon pas, rapidement comme pressée par un grand désir. Se demander la raison de sa décision et la raison de son empressement : Vérifier la parole de l'ange ? Non. Désir d'aider sa cousine ? Peut-être.
Vouloir partager avec elle leur joie mutuelle ? Sûrement.
Sentir cette joie de Marie. S'en imprégner. Elle veut aussi nous la partager pour éveiller plus de vie en nous.

Troisième piste :

Elle salue Elisabeth. En fait elle lui dit « réjouis-toi ». Le même mot que l'ange lui avait dit. Entendre cette salutation : « Réjouis-toi » ; la laisser résonner. Elle est pour chacun-de nous aussi. Marie nous la dit.
Et laisser Marie nous dire les motifs de cette réjouissance en nos vies : je suis aimé-e par Dieu...

Quatrième piste :

Regarder les conséquences de cette salutation. L'enfant tressaille dans le ventre d'Elisabeth. Elisabeth est remplie d'Esprit Saint. Regarder comment une salutation

de réjouissance peut éveiller la vie de l'Esprit en quelqu'un.
Sonder comment je m'approche des autres. Ce qui pourrait modifier ma manière d'entrer en relation.

Cinquième piste :
Entendre la prophétie d'Elisabeth. Remplie d'Esprit Saint, elle prophétise, elle est prophète ! Au point que cette prophétie a traversé les âges, interminablement répétée dans tous les chapelets du monde !
S'étonner du silence de la Tradition chrétienne sur la qualité de prophète d'Elisabeth.

Sixième piste :
« Comment m'est-il donné que vienne à moi la mère de mon Seigneur ? »
Entendre cette question. La faire nôtre. Marie aussi vient à nous. Comment l'accueillir ?

Neuf mois pour enfanter une parole

Dans l'Evangile de Luc au chapitre 1 versets 57 à 79

Nous sommes au début de l'Evangile selon St Luc.
L'ange de Dieu a annoncé à Marie, la naissance de Jésus et à Zacharie, la naissance de celui qu'on appellera Jean-Baptiste.
A la différence de Marie, Zacharie a douté et a demandé une assurance.
Du coup le signe qu'il reçoit, c'est l'impossibilité de parler.
La parole lui est rendue au moment où on lui demande quel nom il faut donner à l'enfant.
Il écrit Jean sur la tablette et à ce moment il retrouve sa voix et fait devant tous ce témoignage de foi qu'on appelle Bénédictus. On appelle cette prière ainsi car son premier mot est : bénis. Bénir, c'est dire du bien de quelqu'un.

Première piste :
Le premier point de notre méditation, cela peut être ce mutisme de Zacharie,
- l'incroyance qui rend muet.
- ces longs mois où Zacharie a été dans l'incapacité de parler, en fait neuf mois, le temps de la grossesse d'Elizabeth. neuf mois pour enfanter un enfant et neuf mois pour enfanter une parole.
- neuf mois pour garder dans son cœur les paroles de l'ange : (1/13-17).
Il faut du silence pour écouter, il faut se taire pour entendre.
- un mutisme qui s'arrête grâce à l'acte de fidélité à cette parole : il appelle son fils Jean, comme l'ange le lui a dit.
Réfléchir à cela et voir en quoi cette histoire concerne ma vie, ma foi, en quoi elle est bonne nouvelle pour moi.

Deuxième piste :

Zacharie nous parle de Dieu. Qu'en dit-il ? Il nous dit que :

- Dieu visite son peuple.
- Il le rachète.
- Il fait surgir la force qui nous sauve.
- Son salut nous arrache à l'ennemi, à la main de nos oppresseurs.
- Il montre Son Amour.
- Il nous rend sans crainte.
- Il donne de connaître Son Salut.
- Il est tendresse et amour.
- Il est soleil (astre d'en haut).
- Il nous illumine et nous arrache aux ténèbres et à la mort.
- Il nous conduit au chemin de la paix.

Quelle expérience consciente, ai-je de Sa visite, de Son salut, de Son amour, de Sa tendresse, de Son amour, de Sa lumière, de Sa paix ?

Troisième piste :

Zacharie s'adresse ensuite à son enfant (à partir du verset 76).
- Tu seras appelé prophète.
- Tu marcheras devant, à la face du Seigneur.
- Tu prépareras ces chemins.

Par le baptême, chacun de nous est prophète.

Aujourd'hui, comment suis-je prophète ?

Quelle ma manière unique et personnelle de préparer les chemins de vie, de liberté, d'amour auxquels nous invite Dieu?

Dieu dans la fragilité

Dans l'Evangile de Luc au chapitre 2 versets 1 à 20

Première piste :

Voir les personnages : ce qu'ils font ou ne font pas.

Ce qu'ils sont, pourquoi sont-ils là, et être là avec eux ; me dégager de l'habitude et du déjà vu pour me laisser étonner.

Par exemple : Marie, Joseph sur le chemin ; puis Jésus une fois né ; les anges auprès des bergers.

Laisser mes yeux se laisser impressionner de ce qu'ils sont, pour que ce qu'ils sont, s'imprime en moi, leur être même a quelque chose à me dire. Quelque chose du mystère de Dieu se dit déjà là.

Deuxième piste :

Ensuite écouter les paroles ou le silence.

Ce qui est dit ou ce qui n'est pas dit. Ecouter le silence de Jésus, Lui, le Verbe qui se fait bébé ne pouvant que crier ; écouter les paroles, non pour les méditer mais pour les écouter. Comment sont-elles dites, sur quel ton, les écouter, c'est les laisser descendre en moi. Dans ce texte de Luc, seules les paroles des anges et des bergers nous sont transmises.

Ici, il s'agit de laisser résonner le silence ou les cris de cet enfant ; les paroles des anges et des bergers ; les laisser descendre pour qu'elles fassent leur œuvre de lumière.

Troisième piste :

Essayer d'entrer dans leur intention profonde.

Leurs actes mais aussi des attitudes, des réactions, des regards, des gestes, des inactions aussi. Les sentir de l'intérieur : par exemple, la marche de Joseph et de

Marie ; leur voyage pour qu'ensuite Jésus vienne à naître dans cette extrême pauvreté ; la mise au monde de Jésus par Marie ; la venue des bergers, l'attitude de Marie qui conserve toutes ces choses dans son cœur. C'est peu à peu pénétrer le mystère de Dieu qu'il m'est donné de voir, accéder à une connaissance intérieure du Christ pour mieux L'aimer et Le servir.

Quatrième piste :
M'arrêter sur un point précis.
Une parole, une action, car je sens que pour moi, c'est important, que j'ai besoin de regarder ou d'écouter cela.
Me laisser aimer par cette parole, cette action.

Cinquième piste :
« Elle mit au monde son fils premier-né » verset six.
Regarder cette mise au monde. Ne pas hésiter pas à la regarder dans le plus concret. Celles qui sont mères parmi nous ont l'avantage de l'expérience vécue dans la chair. Regarder cet enfant qui est mis au monde et ce que notre foi nous en dit :

-Verbe fait chair, Dieu mis au monde. Nous laisser étonner. Dieu qui vient à naître, Dieu qui vient au monde. Sentir que cela bouleverse nos images de Dieu. Cela dit du neuf en Dieu, du jaillissement, de la nouveauté, du mouvement. Alors que nous voyons souvent Dieu du côté de l'immobilité.

-Verbe dans la fragilité d'un enfant. Il peut donc y avoir de la fragilité en Dieu, de la petitesse alors que nous le voyons du côté de la puissance et de la grandeur. Ici, un enfant qui peut pleurer, qui a faim, qui boit le lait du sein de sa mère. Se laisser toucher par ça. Et peut-être sentir nos résistances à accueillir ce que Dieu donne à voir de lui dans Sa fragilité.

Sixième piste :

« Elle l'enveloppa de langes » (v6).

Regarder comme Marie prend soin de Lui. Et oser nous aussi prendre soin de Lui. Pourquoi ne pas demander à Marie de nous permettre de Le prendre dans nos bras ? Si nous le faisons, il nous sera peut-être donné de vivre plus profondément que Dieu a besoin de nous, de nos soins, de notre attention. Cela aussi peut bousculer nos images. Habitué -es à vouloir que Dieu prenne soin de nous, ici, Le voir qui a besoin de nous et prendre soin de Lui. C'est peut-être entrer dans une vie spirituelle adulte qui donne et se donne après avoir beaucoup reçu.

Septième piste :

« Couché dans une mangeoire » à trois endroits dans le texte : (v. 6,12,16).

Etonnant cette insistance pour dire trois fois qu'il est mis, couché dans une mangeoire. Une mangeoire, c'est un endroit où l'on met la nourriture pour les animaux.

Jésus dira un jour : « prenez et mangez, ceci est Mon Corps livré pour vous ». Ce corps est déjà là, à la crèche, pour être nourriture de vie.

Dans notre contemplation aller de la Crèche à la Cène, de la Cène à la Crèche pour y voir Dieu qui Se donne. Recevoir de Lui et prendre soin de Lui. Prendre soin de Lui et recevoir de Lui. Dans le va-et-vient d'une véritable amitié.

Le don de Marie

Dans l'Evangile de Luc au chapitre 2 versets 22 à 40

Première piste :

Regarder Syméon.

Qui est-il ? On ne sait rien de lui, on sait simplement qu'il s'est rendu au temple ce jour-là poussé par l'Esprit. Ce même Esprit lui avait fait comprendre qu'il verrait le Christ avant de mourir. Le texte nous dit enfin que l'Esprit reposait sur lui. Il est de ceux qui se livrent sans réserve à l'action de l'Esprit à tel point que cela inspire leur action (ici se rendre au temple), éclaire leur intelligence (ici savoir qu'il verrait le Christ), et lui a fait discerner dans ce bébé, le Christ promis. Il n'est pas prêtre, ce n'est pas lui qui va sacrifier les deux colombes apportées par ses parents. Le texte ne dit pas qu'il est prophète. C'est un laïc qui a laissé l'Esprit habiter sa vie.

Ce regard sur Syméon, peut nous aider à réfléchir sur la place de l'Esprit Saint dans notre vie. Est-ce que je le prie en tant que tel ? Est-il Quelqu'un pour moi, à qui je peux parler ? Comment inspire-t-il mon action et éclaire-t-il mon intelligence ?

Deuxième piste :

Regarder Marie.

Elle rencontre Syméon qui ce jour-là se rend au temple. Elle accepte que cet homme prenne Jésus dans ses bras. Le connaît-elle ? Rien ne nous renseigne là-dessus. Regarder Marie qui n'a plus Jésus, dont les mains sont vides. Elle a accepté de donner Jésus. Mains vides pour que celles de Siméon soient pleines.

Regarder ce transfert des mains de Marie à celles de Syméon. Réaliser le don que fait Marie. Ce don qu'elle nous fait car Syméon, c'est chacun, chacune de nous. Elle nous donne son enfant. Intérieurement, prendre Jésus dans nos bras. Réaliser le don qui nous est fait.

Troisième piste :

Un geste à faire, prendre Jésus dans nos bras.

Et dire en le regardant la même prière que Syméon:

"Maintenant, Souverain Maître, tu peux, selon Ta Parole, laisser ton serviteur s'en aller en paix car mes yeux ont vu Ton Salut, que Tu as préparé à la face de tous les peuples, lumière pour éclairer les nations et gloire de Ton peuple Israël."

Laisser cette prière devenir la nôtre, la laisser descendre en nous.

Quatrième piste :

Entendre la parole de Syméon à Marie :

"Vois ! Cet enfant doit amener la chute et le relèvement d'un grand nombre en Israël ; il doit être un signe en butte à la contradiction,…, afin que se révèlent les pensées intimes de bien des cœurs."

Se demander pourquoi Jésus apporte à la fois chute et relèvement ? Pourquoi est-Il signe de contradiction ?

Cinquième piste :

Entendre Syméon dire à Marie qu'un glaive lui transpercera l'âme.

Sentir le désarroi de Marie aux paroles de Syméon. Le don qu'elle fait de son fils passera aussi par la souffrance, à cause du rejet qu'on fera de lui. Elle est disciple de son fils dans la communion à sa vie livrée.

Parler à Marie, lui partager ce qui aujourd'hui me fait peur. Elle sait ce que c'est et peut nous comprendre. Lui demander de nous aider à se fonder dans la confiance en Dieu, pour avoir la force d'affronter l'avenir.

Sixième piste :

Regarder Anne.

Le texte, pour elle, nous dit explicitement qu'elle est prophète. Regarder comment elle l'est. On nous dit son service de Dieu, sa prière, sa louange de Dieu, et son annonce du Christ « elle parlait de l'enfant à tous ceux qui attendaient la délivrance de Jérusalem » Anne est prophète et apôtre du Christ sans que le Christ l'ait envoyée explicitement, puisqu'il n'est qu'un enfant sans parole. La seule venue du Christ est Parole, sa seule présence est envoi.

Chacun, chacune de nous est Anne. Nous aussi nous sommes et prophètes et apôtres par le service, la prière, la louange, l'annonce du Christ. Prendre conscience davantage de cela. Quelle joie est la nôtre de découvrir et vivre cela ? Mais aussi peut-être quelle difficulté? En parler à Dieu comme un ami parle à son ami.

Education à la liberté donnée par Marie et Joseph

Dans l'Evangile de Luc au chapitre 2 versets 41 à 52

Première piste :

Regarder ces parents.

*Regarder leur confiance en leur enfant. Ils savent le laisser vivre : une journée sans le voir, ce n'est pas une inquiétude. Ils n'ont pas cette attitude fébrile qui surprotège et étouffe.

Mais ils savent légitimement être inquiets au bout d'une journée sans le voir.

Regarder tout ce qu'ils font pour le retrouver : chercher parmi les proches et connaissances, retourner à Jérusalem.

Ecouter la parole de Marie à Jésus quand ils le retrouvent : « enfant pourquoi nous as-tu fait cela ? Vois ton père et moi sommes au supplice en te cherchant. Entendre comment cela est dit. Marie pose une question, elle n'accuse pas. Son angoisse dit son amour. Cela permet à l'enfant d'expliquer son attitude.

La réponse de Jésus, ils ne la comprennent pas. C'est le propre des parents de ne pas comprendre le mystère de leur enfant. Accepter de ne pas comprendre et laisser l'autre aller son chemin, continuer à l'accompagner.

Laisser descendre en moi cette manière d'être parent qu'avaient Marie et Joseph.

Deuxième piste :

Regarder Jésus.

Sa décision d'aller au temple sans prévenir ses parents. S'étonner de cette attitude d'autonomie de celui qui prend sa vie en main. Il va chercher au temple une confirmation de ce qu'il pressent en lui. Il est tout entier dans cette recherche.

Le regarder parmi les docteurs de la Loi. Il écoute, il parle. Il pose des questions et lui aussi répond. Les Anciens sont étonnés de son intelligence et de ses réponses

Troisième piste :
Regarder Marie.
Elle ne comprend pas mais retient en son cœur.
M'emplir de cette attitude car cela permet de comprendre que peu à peu l'obscur peut s'éclairer.

Quatrième piste :
Chercher Jésus.
Joseph et Marie ont perdu Jésus pendant trois jours : trois jours de recherche sans trouver. Ce sont les trois jours entre Vendredi Saint et Pâques où Dieu semble absent où Dieu se tait.
Mettons toute notre ardeur à Le chercher. Le chercher c'est déjà Le trouver. Et Lui nous a déjà trouvés.

Elargir l'espace de nos vies

Dans l'Evangile de Luc au chapitre 5 versets 1 à 15

Première piste :

Étant donné la foule qui s'écrase autour de lui, Jésus a besoin d'une barque pour pouvoir mieux enseigner. Jésus a besoin de Simon. Il a besoin de nous. Il a besoin de moi.

*Regardez ce que fait Jésus : il demande de l'aide à Simon.
*Prendre conscience d'un style de comportement : aucune auto-suffisance, mais un désir de partenariat, de participation à sa mission.
*Regardez son humilité qui sait reconnaître le besoin qu'il a des autres.
*Comment je réagis à cela ?

Deuxième piste :

Après un temps d'enseignement, Jésus demande une chose étonnante à Simon : avance au large et jetez les filets.
« Avance au large ». Cette demande du Christ est à entendre dans l'aujourd'hui de nos vies. C'est le Christ vivant, ressuscité qui aujourd'hui nous parle.
*Quel est ce « large » auquel Jésus nous invite ? Élargir l'espace de nos vies ? Élargir l'étroitesse de nos idées ? Ouvrir large notre cœur à son amour... ?

Troisième piste :

Il s'agit non seulement d'avancer au large mais « de jeter les filets ». On peut comprendre l'étonnement de Simon. C'est lui le professionnel de la pêche mais, malgré tout son savoir-faire, il n'a pris aucun poisson. Il n'y a aucune raison qu'ils en prennent maintenant. Pourtant il va le faire. Il va entendre cette demande.
Sentir la confiance de Simon en la parole de Jésus.

Pressentir l'intuition qu'il a que, de Jésus, ne peut venir qu'une abondance de vie. Regarder le résultat de la confiance : la grande quantité de poissons qui remplit deux barques entières.

Pour moi, personnellement, quelles sont les raisons de ma confiance ?

Quatrième piste :
Comme Pierre, nous nous savons pêcheurs, fragiles, dans le sens d'une résistance profonde à entrer dans la confiance, à convertir nos fausses images de Dieu. Mais l'inouï de tout l'Évangile, c'est d'être appelés au cœur même de ce péché, de cette résistance, de cette fragilité. Il a seulement besoin de disciples qui sont conscients de cela et qui font un chemin d'action de grâce envers Celui qui les rejoint là où ils sont, les appelle comme ils sont.

Goûter simplement cette joie d'être appelé-e au cœur même de mes résistances.
Laisser monter en moi l'action de grâce. C'est le secret de la sainteté.

Jouer sa vie sur le pardon

Dans l'Evangile de Luc au chapitre 5 versets 17 à 26

Première piste :

Ce texte évangélique est un récit de guérison et de pardon ou plutôt d'une double guérison : celle du corps et celle de l'âme. Une guérison visible : un paralysé se met à marcher ; une invisible : un homme est rétabli dans une relation d'amitié avec Dieu, il est recréé spirituellement.

Cet Evangile en associant ces deux guérisons nous permet de comprendre la mission de Jésus : restaurer notre relation à Dieu : il y a dans notre cœur une paralysie comme il y a un mutisme. Ne pas entendre, ne pas parler, ne pas voir, ne pas marcher, au niveau corporel sont des handicaps à la communication, à la vie avec les autres. Il y a des mutismes, des surdités, des aveuglements spirituels qui handicapent notre communication avec Dieu.

Laisser Jésus nous offrir cette guérison : un pardon qui guérit et restaure une relation.

Deuxième piste :

Quelquefois, on peut se demander quelle conscience Jésus avait de Lui-même. Il me semble que ce récit nous donne une réponse : en faisant un acte que Dieu seul peut faire : pardonner les péchés, Il a conscience de Sa filiation divine. D'ailleurs, les scribes et pharisiens ne s'y trompent pas et jugent cette prétention blasphématoire. Ce sera d'ailleurs la raison de Sa condamnation à mort et déjà ce texte nous fait pressentir la tragédie qui se prépare.

Mettons ce pardon/guérison en lien avec la Passion pour que nous puissions peser avec amour combien Jésus a joué Sa vie sur ce pardon. Ou plutôt comment Il a perdu Sa vie sur ce pardon et enfin combien il a gagné Sa vie et la nôtre sur ce pardon !

Troisième piste :
S'identifier à ce paralytique.
Sinon on va rester à l'extérieur ! On va faire une étude de texte ! Ce texte n'est pas un texte du passé, il est pour nous aujourd'hui, c'est le Christ, vivant, ressuscité qui vient à notre rencontre pour nous sauver. Si on se présente à Dieu comme des bien-portants qui croient n'avoir pas besoin de médecin, Jésus ne pourra rien faire.
Donc, comme cet homme, se mettre devant Jésus.

Comment je me tiens devant Lui : en confiance ? En recul ? Sonder mon cœur.
S'identifier à ce paralytique en se présentant à Dieu en pauvre. Présenter à Dieu ce que sont nos paralysies : elles peuvent être diverses selon chacun, ce peut être un lien qui nous empêche d'aller de l'avant.

St Jean de la Croix disait qu'on est autant attaché par une chaîne que par un mince fil. Nommer ce qui nous entrave, le dire à Dieu, peut-être le crier en silence et dans le silence de son cœur, à l'instar de ce paralytique qui n'ouvre pas la bouche mais dont le Seigneur a deviné le cri.

Du coup je peux vraiment entendre cette première parole à moi, adressée :
« Tes péchés te sont pardonnés » v. 20.

L'entendre vraiment dans son absolue gratuité. Libre et gratuite communication de grâce que le Seigneur nous fait, sans condition : pêcheurs inconditionnellement graciés.

Entendre cette deuxième parole :

« Je te le dis, lève-toi, prends ta civière et va dans ta maison » v. 24

Lève-toi, prends ta civière : c'est Jésus qui me le dit.

Dans l'aujourd'hui de ma vie, comment cet appel retentit-il ? Va dans ta maison : parole un peu énigmatique. On peut peut-être l'entendre à un niveau profond. Habiter sa maison, c'est habiter sa vie, ses gestes, être vraiment chez soi. Cela peut évoquer pour chacun de nous aussi un appel qui rejoint le concret de notre existence.

Quatrième piste :

Ce peut-être de regarder les porteurs, tout ce qu'ils font :

Ils portent cet homme sur une civière, ils cherchent à le faire entrer, ils montent sur le toit, ils écartent les tuiles, ils le font descendre. Peser le poids de volonté qu'il y a en eux, les obstacles qui ne les découragent pas, l'ingéniosité qui est en eux, l'amitié qu'ils ont pour cet homme, la foi qu'ils ont en Jésus.

M'imprégner de cela, admirer. Et peut-être si vous le sentez, faire mémoire de tout ceux et celles qui ont été pour vous des porteurs d'espérance, qui d'une manière ou d'une autre, à un moment de votre vie, ou maintenant vous portent.

Mais peut-être aussi, faire mémoire de ceux que vous avez portés ou que vous portez en ce moment. Il y a plusieurs manières de porter : on dit bien porter dans la prière mais aussi cela peut se dire de toute aide procurée à quelqu'un.

Admirer aussi cette capacité qui est en nous et ramener cette capacité à Dieu qui en est la source.

Cinquième piste :

S'arrêter au dernier verset : « nous avons vu aujourd'hui des choses extraordinaires ».

Nous aussi nous voyons des choses extraordinaires dans l'ordinaire de nos vies. *Demander à Dieu un regard qui nous fait voir tout ce qu'il y a de bon, de vrai, de beau en nous, dans notre vie, autour de nous. Et si nous avons du mal à faire cela pour des raisons diverses : une épreuve, ou un aveuglement, et bien, à nouveau mettons-nous devant Jésus et lançons-lui à nouveau un cri : « Seigneur, viens me sauver ».*

Sixième piste :

Pour finir, se mettre comme Marie, au pied de Jésus. Le v 17 nous dit qu'Il était en train d'enseigner. Soyons devant Lui en attitude d'écoute et entendre ce que Jésus veut nous confier. Ce n'est pas dans le texte qui ne nous dit pas le contenu de son enseignement. Mais à la fin d'un temps d'oraison, nous pouvons avoir l'intuition de sa parole : « Que dit le Seigneur Dieu ? Ce qu'Il dit, c'est la paix pour Son peuple ».

Pourquoi tant de rage?

Dans l'Evangile de Luc au chapitre 6 versets 6 à 11

Première piste :

Regarder Jésus qui donne de la vie à cet homme en guérissant sa main. Que peut bien symboliser cette main pour nous ?

Ecouter ce qu'Il dit Il est le seul à parler et personne ne répond à Sa question.

Deuxième piste :

Regarder ce que fait cet homme. Il ne dit rien mais fait ce que Jésus lui dit : il se lève, se met au milieu, étend la main.

Admirer la confiance qui se dit là sans mot.

Troisième piste :

Entendre le silence des scribes et des pharisiens devant la question de Jésus. Pourquoi ce silence ? Entendre leurs paroles de rage à la fin.

Dieu à l'image d'un berger, d'une femme, d'un père

Dans l'Evangile de Luc au chapitre 15 versets 1 à 31

Première piste :

S'approcher et écouter.

On y voit le groupe des publicains et des pécheurs :

Il y a deux verbes pour qualifier leur attitude : s'approcher et écouter.

Rester à considérer ces deux attitudes.

Une décision de se rendre proche de cet homme Jésus, le côtoyer, se laisser changer par lui

Une décision d'écouter : on a là le verbe qui court le long de toute la Bible : « Ecoute Israël »

Il s'agit de s'ouvrir à la parole d'un autre.

Entrons dans ces deux attitudes : s'approcher de Jésus dans la confiance et le désir de s'ouvrir à Sa Parole et surtout de demander une confiance et un désir plus grand que ceux que nous avons.

Deuxième piste :

Faire bon accueil et manger.

Voir l'attitude de Jésus par deux verbes aussi : faire bon accueil et manger.

Comprendre pourquoi Jésus fait bon accueil : tout simplement parce qu'Il est devant des hommes et des femmes de désir, qui attendent quelque chose de Lui, qui ont soif de L'entendre.

Prendre conscience de la joie de Jésus.
Rester à regarder Jésus qui fait bon accueil sans condition préalable : le fait de s'approcher et de vouloir écouter suffit.
Rester à regarder ces repas qu'Il prend avec eux : dans la société où vivait Jésus,

manger est un signe fort de solidarité et de communion, c'est d'ailleurs cela qui scandalise les pharisiens.

Troisième piste :
Une brebis, une pièce, un fils.
Prendre du temps pour regarder les images que Jésus prend pour parler de nous : une brebis, une pièce d'argent, un fils. Des images qui chacune à leur manière disent une richesse, une valeur. Nous sommes précieux pour Dieu.

Quatrième piste :
Dieu à l'image d'un berger, d'une femme, d'un père.
Prendre du temps aussi pour regarder les images que Jésus emploie pour parler de Dieu :
-Dieu comme un berger.
-Dieu comme une femme.
-Dieu comme un père.

Cinquième piste :
S'arrêter devant le trait commun de ces 3 paraboles :
Perdu / retrouvé
Dialoguer avec Dieu là-dessus : qu'est-ce qui dans ma vie est perdu et que Dieu cherche, recherche ?

Sixième piste :
S'imprégner de la tonalité de joie de ces trois paraboles, la joie de Dieu.

Septième piste :
Regarder ce que Dieu fait :
*comme un berger :

Courir jusqu'à ce qu'Il la retrouve,
La mettre sur les épaules,
Rassembler amis et voisins,
    *comme une femme :
Allumer une lampe,
Balayer la maison,
Chercher soigneusement jusqu'à ce qu'elle la trouve,
Rassembler amis et voisins,
    *comme un père :
Confier son héritage,
Attendre son retour,
Courir à sa rencontre,
Le couvrir de baisers,
Le revêtir des plus beaux habits,
Festoyer.

La victoire de Dieu crucifié

Dans l'Evangile de Luc au chapitre 24 versets 36 à 49

Première piste :

Un geste et une parole de reconnaissance :

A Emmaüs, un geste, la fraction du paix, ici à Jérusalem, une parole, la paix soit avec vous.

Arrêtons-nous à ce geste, à cette parole car ce sont les signes du Ressuscité. Ses signes pour se faire reconnaître à nous encore aujourd'hui.

Regardons les lieux de paix, les moments de paix, de nos vies, de nos proches, du monde et contemplons Jésus ressuscité présent par la paix donnée. Regardons les pacifiques que nous connaissons, de près ou de loin et contemplons Jésus ressuscité présent par la paix donnée. Regardons-nous aussi, nous-mêmes, dans nos gestes de paix, nos paroles de paix et contemplons Jésus ressuscité présent par la paix donnée. Et faisons de même avec les lieux, les moments, de partage pour y contempler aujourd'hui Jésus ressuscité, là, présent par le pain rompu pour être partagé.

Deuxième piste :

Ouvrir à l'intelligence des Ecritures :

Ce passage est une reprise quasi mot à mot des paroles de Jésus aux disciples d'Emmaüs et un même acte, celui de les ouvrir à l'intelligence des Ecritures. Il est pédagogue et interprète les Ecritures qui nous parlent de Lui.

Nous aussi, avec Jésus repassons dans notre mémoire quelques textes de l'Ecriture qui parlent de Lui :

Comme par exemple Joseph vendu par ses frères. Texte qu'on lit en carême car Joseph est figure du Christ vendu pour trente pièces d'argent. Suzanne, accusée injustement, car elle est figure de Jésus, l'innocent condamné. Le serviteur souffrant dans le livre d'Isaïe car il n'a plus visage d'homme. Il est figure de Jésus qu'on humilie, qu'on défigure, la croix de toutes les injustices. Mais ces trois figures de l'Ancien Testament nous disent aussi la Résurrection. Joseph sauveur de ses frères, Suzanne reconnue innocente, le Serviteur qui justifie les multitudes. C'est la résurrection de toutes les victoires de la vie.

Et dans l'écriture de nos vies, quels sont les passages de la mort à la vie ?

Troisième piste :
Regardons le Dieu qui se révèle ainsi :
L'intelligence des Ecritures, c'est l'intelligence de Dieu. Dieu d'infinie proximité. Dieu avec nous. Dieu crucifié, mort de mort violente et injuste. Cette mort dénonce toute injustice. Le Dieu crucifié, Dieu victime de l'injustice est jugement et dénonciation de toute injustice. Par la Croix qui est « le jusqu'au bout de la proximité », Dieu souffre. S'il n'était pas ce Dieu-là, Dieu resterait distant, froid, silencieux.

Jésus, par Sa Vie et Sa Mort, donne accès à ce Dieu-là. Cela permet de mettre en question la doctrine de la toute-puissance de Dieu. Doctrine non crédible pour l'homme d'aujourd'hui. La toute-puissance que Dieu possède et manifeste dans le Christ est la toute-puissance de l'amour souffrant. Et la Résurrection est promesse d'un avenir ouvert pour tous, d'un accès à Dieu dans le définitif de nos vies …

Laissons Jésus nous ouvrir à l'intelligence profonde de Sa Mort et de Sa Résurrection et à la révélation de Dieu qu'Il nous donne.

Quatrième piste :
« Demeurez dans la ville jusqu'à ce que vous soyez revêtus de la force d'en haut."
Ce « demeurez » est parallèle à l'ordre que l'on trouve dans Actes 1,1-14 :

« Il leur donna l'ordre de ne pas quitter Jérusalem mais d'y attendre ce que le Père avait promis … Vous allez recevoir une force, celle du Saint Esprit qui viendra sur vous ». Sur cet ordre de demeurer, ils vont monter à la chambre haute « remplis de joie ».

Il s'agit pour nous aussi de répondre à cette invitation à « demeurer » dans la chambre haute de ce Cénacle qui n'est pas un lieu mais une attitude intérieure.
Entrons dans une écoute de la Parole, entrons dans un éveil de la vie profonde, entrons dans l'accueil d'un don, entrons dans une vie animée par l'Esprit de Jésus.
Laissons-nous inviter doucement à entrer dans ce «demeurer», temps de gratuité, temps pour goûter simplement le fait de vivre et d'être aimé.

A l'école de Jean-Baptiste pour louer, respecter, servir

Dans l'Evangile de Jean au chapitre 1 versets 19 à 36

La liturgie de l'Avent nous invite à regarder Jean-Baptiste.
Nous pouvons voir en lui une existence qui s'ordonne à Dieu, tissée de louange, de respect, de service, une existence polarisée par Dieu, qui se sait venant de Dieu et allant à Lui. Cette provenance et cette finalité sont les critères de ses choix. En le regardant, nous pouvons demander une grâce à Dieu :
Grâce d'être davantage louange à notre Dieu, d'être amour humble et respectueux de Dieu, d'engager davantage nos forces à Son service.

Première piste :

Regarder cette scène initiale qui se présente comme un interrogatoire de police !
Qui es-tu ?
Trois réponses négatives : je ne suis pas le Christ (v.20), je ne suis pas Elie, je ne suis pas le prophète (v.21),
Non. Ni le Christ, ni Elie, ni le prophète !
Pourquoi ces réponses négatives ? D'abord parce qu'il est lui-même dans son originalité, comme chacun de nous, unique, ne remplaçant personne, valant pour lui-même, désiré du cœur de Dieu. Mais aussi parce que c'est la vérité : il n'est pas le Christ. Attitude juste, ajustée.

Jean, un homme tout simplement, parce que ce tout simplement est sa dignité la plus haute et aussi la nôtre.

Cette question posée à Jean-Baptiste, nous pouvons la recevoir pour nous. Qui es-tu ? Et laisser venir ce qui vient. Peut-être demander aussi à Dieu de nous dire qui nous sommes pour Lui. Il y a plein de réponses de Dieu dans la Bible, ne serait-ce que, être dit image de Dieu en Genèse 1 ou dans Isaïe 43/4 quand Dieu nous dit que nous avons du prix à ses yeux et qu'Il nous aime.

Deuxième piste :

Au v. 23, il va répondre positivement.

Nos Bibles ont une mauvaise traduction de sa réponse: « Je suis une voix » Il faudrait traduire « moi ? Une voix... » Car l'évangéliste fait bien attention à réserver le « Je suis » du tétragramme à Jésus (par exemple Jésus dira « Je suis » à la Samaritaine).

Donc Jean Baptiste ne le dit pas, pour réserver cela à Jésus.
C'est l'attitude de louange : Dieu seul est Dieu.
Louange de Dieu qui est appel à ouvrir un chemin à Dieu.
Nous aussi, nous sommes voix de Dieu. Il est nous est dit là aussi quelque chose de notre identité.

Pendant ce temps de prière, nous pouvons vivre un temps de louange à Dieu. Laisser jaillir un chant de louange. En sentant bien la différence entre remerciement et louange. Remercier, c'est plutôt dire merci à Dieu de ce qu'Il fait. Louer, c'est Le louer pour ce qu'Il est.

Troisième piste :

Je ne suis pas digne... (v.27)
Dénouer les courroies des sandales, c'était un geste qu'un rabbi ne pouvait pas demander à son disciple.

Et bien, même ce geste, Jean-Baptiste ne se sent pas digne de le faire.
Attitude de respect, au sens de conscience d'une distance, entre lui et Jésus.
Il l'exprime aussi en disant qu'avant lui, Il était.

Le respect, c'est une attitude intérieure qui ne met pas la main sur l'autre. Au moment même de votre prière, sentez-vous ce respect en vous ? Notre corps peut nous aider à entrer dans cette attitude.

Essayer de trouver un geste d'adoration. Vous pouvez aussi intérieurement dire « mon Dieu, je suis devant Toi, Tu viens à moi, même plus, Tu demeures en moi. Je ne suis pas digne de Toi mais c'est Toi qui ne me juges pas indigne de Toi.

Quatrième piste :
« J'ai vu ... j'ai vu et j'atteste que c'est lui l'Elu de Dieu » (v. 32 et 34).
C'est le témoignage de Jean-Baptiste. Son témoignage est son service, la manière dont il veut servir Jésus. Un service de la Parole.

Ecouter ce contenu de son témoignage : « J'ai vu...j'ai vu et j'atteste » Son témoignage repose sur un voir. C'est à dire sur une expérience personnelle.
Et nous quel est notre voir ? Quelle est notre expérience de Dieu qui fonde notre témoignage ?

Cinquième piste :
On nous dit de Jean-Baptiste « qu'il se trouvait là et qu'il fixait son regard sur Jésus » (v.36).

D'abord regarder cette attitude : Il se tient là et fixe son regard. C'est son regard sur Jésus qui est à la source de son témoignage. Un regard sur Jésus, c'est à dire une orientation de sa vie polarisée par ce Christ.

Ensuite je peux moi aussi dans l'intériorité de mon cœur regarder le Christ, fixer mon regard sur lui, être là simplement à le regarder, à l'aimer.

Sixième piste :

Mais qui est-il donc celui qui est seul digne de sa louange, de son respect, de son service ? Jean-Baptiste le désigne par un mot : l'Agneau de Dieu v36

Ce mot, il nous faut l'entendre avec toute la richesse de l'Ancien Testament.

C'est l'Agneau d'Ex 19/36 : celui qui est mangé, avant de prendre la route vers la liberté.

C'est le Serviteur souffrant d'Isaïe (53/7).

C'est l'Agneau vainqueur d'Apocalypse (7/17 et 17/14).

On peut s'attarder à ce titre car il peut nous aider à consentir à Dieu.

Dieu à l'image d'un agneau, celui dont on prend soin, qui a besoin de nous.

Et si Dieu était celui qui a besoin de nous ?

Laisser résonner ce mot dans notre cœur : Dieu comme un agneau. Dieu qui se donne en nourriture, Dieu fragile, Dieu vulnérable, Dieu qui a besoin de nous.

Absolue gratuité du Donateur

Dans l'Evangile de Jean au chapitre 2 versets 1 à 11

Première piste :
Il y eut des noces.
L'écriture symbolique de Jean nous autorise à voir qu'à travers ces noces humaines, ce sont les Noces de Dieu avec nous dont il est question. Noces où nous sommes épousé -es et épousons. Ignace de Loyola dans sa contemplation en vue de l'amour (Exercices Spirituels n°230) est bien dans cette tonalité. Il est question d'un aimé et d'un aimant en réciprocité de don où chacun donne et reçoit ce que l'on a et ce que l'on est.

La relation à Dieu sous l'image de noces. Joie de l'union à Dieu. Dieu comme une épouse, un époux.

Chacun de nous comme épousé -e et épousant-e.
Mais pour entrer dans cette réciprocité de partage et d'abandon confiant, il me faut creuser une question : qui est Dieu pour moi ? Pour que je puisse l'accepter, il faut de l'apprivoisement, du respect. Il faut Dieu à hauteur humaine: le Très-Bas qui se fait le Très-Petit. Celui de la crèche. Le vulnérable. Oui, celui-là, je peux l'accueillir. Le très-Respectueux. Celui de la brise légère, celui qui humblement frappe à ma porte. Celui qui me loue, me respecte, me sert pour que je puisse consentir à son amitié. Expérimenter que l'amour de Dieu pour moi n'est pas dévorant. Ces noces, c'est une relation intime mais qui reste respectueuse de l'un et de l'autre. Pas une fusion.

Deuxième piste :

Il n'y avait plus de vin, le vin des noces était épuisé.

« Ils n'ont plus de vin » Dans nos vies, certains jours, certaines périodes, le vin vient à manquer. Comme dans un couple où il n'y a plus d'amour, d'espérance, de foi. On a épuisé ses réserves, ce que l'on avait organisé, planifié. Vide. Plus rien. Qu'est-ce qui manque ? Peut-être ce qui manque, c'est le vin qu'on avait acheté de ses propres forces, de ses propres deniers. Vient le moment où cela est épuisé, où c'est épuisé. Que faire ? Consentir à ce manque.

Attendre dans la patience. Il ne viendra peut-être que dans la Vision ou avant. Et la joie sera à la mesure de l'attente. Demeure là.

Troisième piste :

Pourquoi la réponse de Jésus du verset 4 ?

« Mon heure n'est pas encore arrivée » se continue par une autre parole : « Remplissez d'eau ces jarres ». Comment le refus initial à la parole de Marie se transforme-t-il en acceptation ?

Jésus a modifié Sa décision. Il est passé d'un non à un oui. Peut-être parce qu'Il a continué à écouter la parole de Marie, Il s'est laissé rejoindre par cette information du manque. Cela L'a touché au point de Le faire changer de décision : « Ils n'ont plus de vin » cette phrase a fait son chemin en Lui.

Quatrième piste :

Les serviteurs ne boivent pas le vin mais ils le servent.

Nous pouvons être comme ces serviteurs : servir le bon vin mais ne pas profiter de la joie du vin. Ils ont cependant une joie qui leur est propre, celle d'être unis-es au Christ par une union de volonté en faisant ce qu'Il dit de faire :

Remplir

Puiser

Porter

Cinquième piste :

Les convives n'ont rien su de ce manque et de sa résolution.
Ils ont joui du vin, c'est tout, ne connaissant pas sa provenance.
Qui est dans le secret de ce vin ?
Marie, Jésus, les servants, les disciples à la fin.
Qui n'en connaît pas la provenance ?
Les mariés, le maître du repas, les convives, c'est-à-dire la majorité des gens.
C'est le don d'un vin en abondance (600 litres X 6= 3600 l) dont on ne connaît pas la provenance.

N'est-ce pas le cas de tous ceux qui ne connaissent pas le Christ ?
Et pourtant cela ne semble pas préoccuper Jésus : l'essentiel, c'est que le vin ne manque pas. Absolue gratuité du donateur, discrétion, humilité de Dieu. La joie de Dieu, c'est la joie des convives. Car leur bonheur est sa joie. Mais ils sont unis à Dieu, ils le sont car ils communient à Sa vie dans l'acte même de boire le vin qui vient de Lui, dans l'acte même de vivre.
Est-ce donc si nécessaire de connaître la provenance ?
Non ce n'est pas nécessaire. Mais c'est précieux.
Il n'est pas nécessaire de croire mais c'est un cadeau précieux.
Ce vin, c'est le Christ Lui-même dans la surabondance du don.
Vin qui est Son sang versé, livré pour nous, sang jailli de Son cœur transpercé.

Sixième piste :

Regardons l'action de Marie.
-elle invite les servants à l'écoute disponible : « Tout ce qu'il vous dira de faire»
-elle les invite à l'action : « Faites-le ».
Ce faisant elle les engendre à la foi.
Son ministère est celui de la communication de la foi.

Septième piste :

Regardons l'action de Jésus.

Des paroles qui autorisent à agir :

-Remplissez
-Puisez
-Apportez

Huitième piste :

Le vin est meilleur. Pourquoi est-il meilleur ?

Parce qu'il opère un changement radical. Il fait passer d'une religion de purification, où l'on pose des conditions pour accéder à Dieu, faite d'efforts humains, il fait passer de cela au vin meilleur de la pure grâce, de l'absolue proximité sans condition préalable.

Aimer, être né de Dieu, naître d'En-Haut

Dans l'Evangile de Jean au chapitre 3 versets 1 à 8

Première piste :

Se rappeler l'itinéraire spirituel de Nicodème. Il va de la nuit à la lumière. En effet, ici, il se cache pour aller voir Jésus, incapable de faire cette démarche en plein jour. Mais ensuite il prendra une position courageuse devant les grands prêtres en 7/50, et enfin en 19/39 il fera le don de 100 livres de parfum pour la sépulture de Jésus.
Et pour nous, qu'en est-il ? Quelle lumière après la nuit avons-nous pu déjà vivre ?

Deuxième piste :

Mais ici au chapitre trois, cela commence mal. Nous sommes dans la nuit. La même mention de la nuit qu'on trouve aussi en Jean 19/39 pour la trahison de Judas.

Pourquoi venir de nuit ? Le texte ne le dit pas. Ne projetons pas trop vite une raison, comme la peur de se compromettre pour Jésus. Cela peut-être une raison plus profonde de l'ordre du verset 19 : préférer la nuit à la lumière. La nuit peut-être ici, c'est de croire qu'on sait, il dit « nous savons ». Prétention à connaître qui est Jésus au lieu de laisser Jésus se dire Lui-même. Il reconnaît bien l'origine divine des actes de Jésus mais cette origine ne porte pas sur sa personne. Il lui fait un compliment qui enferme dans ce qu'il veut qu'Il soit : un rabbi comme lui. Une manière de l'annexer à son monde.

Entrons dans une attitude d'accueil, essayons de nous défaire de nos savoirs trop connus pour nous ouvrir à ce que Jésus va nous dire et nous en étonner.

Troisième piste :

Comment Jésus réagit-Il devant quelqu'un qui croit savoir, qui affirme quelque chose de Lui, qui le catalogue et veut L'annexer ?

La réponse de Jésus est étonnante : au lieu de parler de Lui, Jésus renvoie Nicodème à lui-même, Il lui parle d'une naissance d'en haut pour lui, Il lui parle de quelque chose qui est important pour lui, qui l'implique, et qui concerne tout le monde.

Naître d'en haut. Mais qu'est-ce que naître d'en haut ?

Naître pour cet homme, chef des pharisiens, cela résonne comme une régression: lui le maître, redevenir enfant ? Cela implique un renversement de sa position de chef.

Il n'entend pas la parole de Jésus et la transforme.

Au lieu de reprendre l'expression exacte de Jésus, il dit autre chose : naître une deuxième fois du sein de sa mère, ce qui évidemment est impossible mais ce n'est pas ce que Jésus a dit !

Transformer une parole c'est une manière de se dérober, un refus d'entendre.

Sa mauvaise écoute est signe de sa difficulté à accueillir une liberté identique à celle du vent.

Et moi quelle attitude, me faut-il quitter pour me laisser conduire par la liberté de l'Esprit ?

Quatrième piste :

Alors qu'est-ce que « naître d'en haut » ?

Peut-être que la réponse est dans la lettre de Jean où il dit que : « Quiconque aime est né de Dieu et connaît Dieu » (1 Jn 4/7)

Naître d'en haut, c'est aimer. Aimer c'est connaître Dieu. Cela ouvre large la porte de la connaissance de Dieu, cela l'ouvre à l'universel au delà des cloisonnements religieux. Cela fait entrer dans une fraternité, où tout homme, toute femme est fils et fille du Père, frère et sœur de Jésus.

Laisser retentir en moi cet appel à naître d'en haut, de Dieu, donc de naître à l'amour.

Un pardon au risque de sa vie

Dans l'Evangile de Jean au chapitre 8 versets 1 à 12

Première piste :

Je vous propose de commencer ce texte en amont à partir de 7/37
C'est une parole du Christ :
« Celui qui a soif, qu'il vienne à Moi. L'Ecriture l'a dit : des fleuves d'eau vive jailliront de son cœur »
Partir de cette parole, car cela explique l'attitude de Jésus par rapport à la femme adultère.

Quel est ce fleuve ? La miséricorde inouïe de Dieu. La sainteté de Dieu, l'Esprit Saint qui se fait miséricorde.
Ensuite au verset 43, on nous dit qu'on veut l'arrêter.
Les soldats venus pour le faire y renoncent car, disent-ils, personne n'a parlé comme cet homme. Nicodème prend sa défense en disant qu'on ne peut condamner quelqu'un sans l'entendre.
Il me semble que cela situe mieux notre texte : le premier accusé, c'est Jésus.
Jésus et cette femme sont en danger de mort. Tous les deux sont solidaires, l'innocent et la coupable.

Par l'intermédiaire de cette femme, on veut accuser l'innocent.
Jésus ne se laisse pas prendre au piège. Il me semble que là comme dans tout l'Evangile, nous avons trace de la divinité de Jésus. Se sortir de ce piège est divin : il répond par le silence et par une parole qui fait confiance à la capacité des accusateurs à se reconnaître pécheurs !
Cette femme, grâce à Jésus aura la vie sauve et Jésus mourra sur une croix. En disant cela je ne veux pas dire qu'il y a substitution. Non mais dire que c'est Son attitude de

liberté, Sa prétention à la miséricorde, qui suscite l'opposition et qui va Le conduire à la mort : en sauvant cette femme, Il s'expose encore plus à l'hostilité de la haine qui se cache sous le zèle.

Oui, écouter cette parole : « des fleuves d'eau vive jailliront de son cœur ».
Et mettre cela en lien avec Jn 19/34 : « le soldat enfonça sa lance dans Son côté et il en sortit du sang et de l'eau »

Deuxième piste :
Regarder la scène du côté de cette femme :
Que s'est- il passé pour cette femme ?
- Elle aurait dû mourir, elle est vivante.
- Elle aurait dû être condamnée, elle est graciée.
- Elle était prisonnière, elle est libre.
Au lieu de la prison, de la condamnation et de la mort, elle a reçu la grâce, la liberté et la vie.

En fait Jésus l'a sauvée de la mort.
Essayer d'imaginer la chape de plomb qui pesait sur elle et l'immense délivrance qu'elle a vécue. Imaginer le soulagement de cette femme, elle a vu la mort de près. Après l'angoisse, elle se retrouve vivante, libre et pardonnée. Elle est sauvée mais encore plus, elle sait qui l'a sauvée !
Ce qu'elle a vécu a dû enraciner en elle, un amour immense, une reconnaissance infinie pour Celui qui l'avait sauvée de la mort.

Troisième piste :
Cette femme c'est chacun de nous.
Cette femme est la figure de l'humanité tout entière.
Jésus est venu pour nous réaliser l'éternel projet de salut de notre Dieu.

Nous aussi, nous étions des condamnés à la mort.

Nous aussi, nous étions prisonniers, incapables par nous-mêmes de guérir nos intelligences et nos volontés blessées.

Nous sommes dans la même situation que cette femme : à savoir des pécheurs graciés.

Sommes-nous dans les mêmes sentiments ? Eperdus de gratitude ? Avec ces questions, interrogeons notre cœur.

Quatrième piste :

Le péché, c'est un adultère, une infidélité envers celui qui nous aime, une rupture de relation.

La miséricorde, c'est Dieu Lui-même qui continue de croire en nous, c'est Dieu Lui-même qui continue de nous espérer, c'est Dieu Lui-même qui ne cesse pas de nous aimer.

En interprétant ainsi cet Evangile, on a, il me semble une bonne clé de lecture.

Nous sommes souvent trop moralisants dans notre compréhension des Ecritures.

L'adultère, ici, est à prendre dans un sens symbolique. Nous sommes invités à comprendre que tout péché est un adultère. Que Dieu est comme un époux trompé par nos infidélités et que c'est un époux qui croit toujours, qui espère toujours, qui aime toujours. Cet adultère du cœur, tous, nous en sommes malades.

Il y a les plus ou moins grosses ruptures mais c'est toujours un adultère, car c'est un manque à aimer. La moindre infidélité est un adultère, car c'est un manquement à l'amour infini de Dieu.

Devant l'amour de Dieu découvrons la médiocrité de notre réponse.
Mesurons l'écart qu'il y a entre notre amour et le Sien. Osons regarder ce qui dans

notre vie est rupture d'alliance avec Dieu. Pas pour nous décourager mais pour être, comme cette femme, éperdue de gratitude.

Cinquième piste :
Ecouter le silence de Jésus. Le silence de Jésus permet à chacun de s'interroger.
Ecouter Sa Parole qui renvoie chacun à lui-même. On comprend mieux alors que tous s'en vont l'un après l'autre.
Jésus leur a permis de comprendre qu'eux aussi étaient adultères de leur Dieu.
Prendre conscience de la pédagogie de Dieu : aucune parole d'accusation pour personne, une attitude qui permet à chacun de faire un travail de vérité qui libère.

Sixième piste :
Au début, Jésus nous dit qu'Il peut étancher toute soif et à la fin, Il nous dit qu'Il est la lumière du monde, que celui qui Le suit aura la lumière de la vie. Il faut aller jusqu'à ce verset 12 pour entrer dans l'intelligence de l'épisode de la femme adultère. Lui seul peut étancher notre soif de pardon et Lui seul peut éclairer notre vie, nous faire passer des ténèbres à la lumière.

S'offrir à cette lumière pour qu'Il vienne guérir ce qui a besoin d'être guéri en nous, convertir ce qui a besoin d'être converti.
Demander l'eau que Lui seul peut nous donner, la source qui jaillit de sSon cœur transpercé, l'eau vive de Sa miséricorde.

"Paix à vous"

Dans l'Evangile de Jean au chapitre 20 versets 19 à 28

Première piste :
Visualiser le lieu. Le texte nous dit que les disciples sont à l'intérieur d'une maison qu'ils ont verrouillée. Un lieu clos.
Entrer dans la compréhension de cette fermeture. Le texte nous dit que c'est la peur qui les a fait s'enfermer. On peut comprendre ! Disciples d'un condamné à mort, ils appartiennent au camp de la défaite, au parti de la défaite.
En fait, ils sont comme leur maître : enfermés dans un tombeau.
Les rejoindre dans ce lieu : lieu de la déception après tant d'espoir suscité par l'action de Jésus quand ils Le suivaient, lieu de tristesse après tant de joie que Sa parole avait éveillée en eux, lieu de la nuit après tant de lumière que Sa présence leur donnait, lieu de mort après tant de vie qu'Il donnait à qui le rencontrait !
Les rejoindre dans ce lieu-là.

Pourquoi ?
Parce que ce lieu c'est aussi le nôtre : notre vie aussi est traversée par des déceptions, des tristesses, des nuits, des morts.
Si nous consentons à les rejoindre dans le lieu-là, ce texte va nous concerner, ce texte va pouvoir parler en nous, nous parler.
Il va nous dire que Jésus aujourd'hui vient nous rejoindre nous aussi.
Nous allons pouvoir accueillir la phrase étonnante : « Jésus vint et se tint au milieu d'eux ».
Cette onne ouvelle va nous être dite à nous : Jésus nous rejoint au cœur même de ce qui peut faire mal dans notre vie, et aucun verrou au monde ne peut l'empêcher de nous rejoindre
ême ceux que je me suis mis moi-même.

Mais pour cela, il nous sera nécessaire d'oser nommer ce qui, en nous, relève de la déception, de la tristesse, de la nuit, de la mort dans notre vie pour pouvoir ensuite regarder, étonné, ébloui, Jésus venir et se tenir là pour nous assurer de Sa Présence, et nous adresser Sa Parole de paix :

« Paix à vous », parole trois fois dites dans ce passage.

Deuxième piste :

Entendre une autre parole toute aussi étonnante :

« Moi je vous envoie ;

Recevez l'Esprit Saint ;

Remettez les péchés».

Pour bien profiter de ces paroles du Christ, remarquons qu'elles s'adressent aux disciples, donc à chacun de nous.

Nous sommes envoyés, pour cela nous recevons la force de l'Esprit Saint, et la mission confiée est d'être signe du pardon offert.

Souvent, nous ne prenons pas assez au sérieux ce que nous dit Jésus, nous nous protégeons de Ses paroles en nous disant : ce n'est pas à nous qu'Il s'adresse.

Baptisés, donc disciples nous sommes envoyés :

Accueillons cet envoi en mission, c'est constitutif de notre être baptismal.

L'Esprit nous a été donné au baptême et à la confirmation.

Il nous fait prêtre, prophète et roi :

- Roi pour gérer notre vie dans le sens de la justice, et œuvrer à un monde selon le cœur de Dieu.

- Prêtre pour être des célébrants de Son amour, devant Lui pour Le louer.

- Prophète pour écouter Sa parole et pouvoir en témoigner par nos actes et nos paroles.

- Envoyés pour dire la miséricorde.

Ces mots de Jésus aux disciples sont pour nous.

Les écouter pour nous, de manière neuve et parler à Dieu à partir de cet appel.

Lui dire comment je le vis déjà ou mon étonnement que cela s'adresse aussi à moi, ou une demande pour le vivre davantage, selon ce que nous sentirez en nous.

Troisième piste :

Entendre une autre parole ;

« Nous avons vu le Seigneur »

Avec cette phrase, se rendre compte de l'extraordinaire de la joie.

Le vaincu, le rejeté, le condamné, le crucifié mort sur la croix. Il est vivant et on L'a vu vivant.

La lumière après la nuit, la joie après la douleur.

Peser ce poids de joie des disciples.

Peser la force de cette joie, qui seule explique la force de leur témoignage, la transformation que cela va opérer en eux et qui ira jusqu'à donner leur vie pour témoigner de Lui.

Cela voulait dire aussi pour eux que tout dans la vie de Jésus est véridique, que tout est digne de foi.

Dieu a donné raison au Crucifié contre ceux qui en avait fait un paria, un blasphémateur.

Notre foi repose sur leur témoignage.

Ils ont vu c'est pourquoi ils ont parlé.

Ce « voir » des disciples n'est pas le nôtre. Et pourtant, nous aussi d'une autre manière il nous est donné de voir !

Nous demander de quelle manière, dans notre vie, il nous est donné de voir.

Quatrième piste :

Regarder Thomas.

Patron des douteurs, un modèle pour nous qui pouvons vivre le doute lancinant mais surtout le modèle positif de ceux qui veulent bâtir leur foi sur une expérience personnelle et non sur une rumeur. Regardez l'intuition qu'il a : cette expérience, il sent qu'il ne pourra la faire qu'en rejoignant le groupe des disciples, qu'en rejoignant une communauté.

Peser en notre cœur, tout ce que nous devons à la communauté des chrétiens d'hier et d'aujourd'hui.

Cinquième piste :
Entendre la parole de Jésus :
« Porte ton doigt ici : voici mes mains. Avance ta main et mets-la dans mon côté».
Entendre ces paroles de Jésus à Thomas qui sont l'exacte réponse à sa demande : « Si je ne vois pas dans Ses mains la marque des clous…si je ne mets pas ma main à Son côté… »
Prendre conscience de la délicatesse de Jésus : Jésus approuve Thomas dans son désir de toucher et de voir, il le rejoint au cœur de son incrédulité, comme il nous rejoint aussi là où nous sommes et comme nous sommes.

Sixième piste :
Regarder avec les yeux de la foi ce corps glorieux de Jésus, ce corps ressuscité qui porte à jamais et pour l'éternité les marques de Sa Passion.
Dans la foi, nous pouvons faire le même geste que Thomas et déposer en ses blessures, nos blessures, tristesses, déceptions, peurs, nuits dont j'ai conscience.

Septième piste :
Ecouter la éatitude que Jésus exprime :
« Heureux ceux qui croiront sans avoir vu ».
Il parle de nous.

Goûter là encore la délicatesse de Jésus. Il pense à nous qui ne sommes pas les témoins directs, et qui croyons sur le témoignage des disciples. Joie de croire, laissons-nous aller à cette joie.

Huitième piste :
Ecouter le cri de Thomas « Mon Seigneur et mon Dieu ».
Un cri qu'on peut avoir après tant de nuits. Il est le seul à le pousser. Heureuse nuit qui lui a valu un tel cri de joie et de foi.
Ce cri, on peut le faire nôtre, on peut répéter cela plusieurs fois, pour laisser descendre en nous la réalité qu'elle signifie.

Nous sommes toutes et tous des Théophiles

Dans les Actes des Apôtres au chapitre 1 versets 1 à 14

Première piste :

« Mon cher Théophile » :

Chacun de nous est Théophile, c'est à dire aimant Dieu et aimé de Dieu.

On peut aimer de façon différente selon les étapes de notre vie spirituelle.

On peut aimer en cherchant Dieu et d'une certaine manière nous sommes toujours en recherche, des chercheurs-euses de Dieu, en quête de Son visage, quête qui sera seulement comblée quand nous Le verrons face à face.

Mais plus profondément encore nous sommes des Théophiles parce que Dieu, Lui, nous a trouvé -es, Il a mis Son image en nous et Il a fait de notre vie Sa demeure.

Il habite notre cœur, Il est chez Lui chez nous.

Notre contemplation, ce peut être une plus grande attention à ce mystère de la Présence de Dieu en nous.

Deuxième piste :

Le mystère du Christ :

« Tout ce que Jésus a fait et enseigné depuis le commencement…Il s'est montré vivant après Sa Passion…pendant 40 jours, Il leur est apparu et leur avait parlé du Royaume des Cieux ».

Quelques versets qui reprennent l'ensemble du mystère du Christ.

Il y a, dans la foi, des alternances de lumières et de nuits.

Nuit de Noël, enfouissement de Dieu dans l'humble quotidien de Nazareth.

Lumière de ce qu'Il a fait et enseigné qui est source de notre attachement au Christ, source de notre séduction.

Nuit de la Passion, de la mort.

Lumière de la Résurrection et pendant quarante jours, cette lente sortie de la peur. Il en faut du temps pour croire que Dieu est plus fort que nos morts. Jésus, pendant quarante jours accompagne ceux qu'Il aime pour les faire sortir de leurs tombeaux. Dans Sa Résurrection, c'est eux qu'Il ressuscite ! Sa Résurrection est pour nous et c'est la nôtre.

Il les apprivoise peu à peu à la vie.

Enfin nuit d'une présence invisible quand, et c'est aujourd'hui, « Il disparaît à leurs yeux ».

C'est la situation qui est la nôtre.

Notre contemplation, ce peut être d'accueillir ces nuits et ces lumières qui sont autant de manières de Dieu d'être présent à notre cœur.

Troisième piste :

Un ordre de Jésus :

« Au cours d'un repas qu'Il prenait avec eux, Il leur donna l'ordre de ne pas quitter Jérusalem mais d'y attendre ce que le Père avait promis…vous allez recevoir une force, celle du Saint Esprit qui viendra sur vous ».

Maintenant ce n'est plus le Cénacle de la peur qui les faisait se refermer sur eux-mêmes. Jésus les en a délivrés.

Maintenant c'est le Cénacle de la joie car c'est pour y vivre une expérience de confiance.

« Ils retournèrent à Jérusalem remplis de joie » (Lc 24/5).

Il s'agit d'entrer au Cénacle sur ordre de Jésus, car il s'agit bien d'un ordre !

Entrer au Cénacle pour dix jours jusqu'à Pentecôte. Dix jours ? Non pas une durée mais une attitude intérieure : une entrée dans une écoute de la Parole, une entrée dans un éveil de la vie profonde, une entrée dans l'accueil d'un don, une entrée dans une vie animée par l'Esprit de Jésus.

Notre contemplation, ce peut être de nous laisser inviter doucement à entrer dans ce temps du Cénacle, temps de gratuité, temps pour goûter simplement le fait de vivre et d'être aimé-e.

Quatrième piste :

« Alors du Mont des Oliviers, ils s'en retournèrent à Jérusalem…ils montèrent à la chambre haute où il se tenaient habituellement ».

Ce mystère du Cénacle entre Ascension et Pentecôte,

- C'est un mystère de communion :

Des frères et des sœurs ensemble, un mystère communautaire.

M'interroger sur les lieux de communauté qui sont pour moi des lieux de vraies vies, de ressourcement. Si je n'en ai pas, ce peut être le lieu de m'engager dans une recherche car c'est de l'ordre de la vie.

- C'est un mystère de prière

Sur ordre de Jésus, là aussi, monter à la chambre haute. Ce sont pour nous des lieux précis et des moments précis, où je ferme la porte de ma chambre pour méditer dans le secret. Lieux et temps d'intimité : contempler le visage du Christ tel qu'Il se révèle dans l'Evangile.

Quels sont-ils pour moi ? Quels en sont mes joies ? Mes difficultés ? Ai-je un lieu pour en parler ?

- C'est un lieu d'attente, de désir, de confiance, d'abandon.

Ils sont en attente d'un don qu'ils ne peuvent se donner à eux-mêmes, que Dieu seul peut donner. Quelle place ont dans ma vie ces trois attitudes ?

Cinquième piste :

« Tous d'un même cœur étaient assidus à la prière avec quelques femmes dont Marie mère de Jésus et avec ses frères ».

Peser le « tous » ; Il s'agit de l'Eglise entière ! Femmes et hommes. Tous et toutes disciples. Regarder Marie. Quel est son rôle ici ? Pourquoi la penser uniquement silencieuse? Elle qui est remplie de l'Esprit depuis l'Annonciation, elle qui retenait toutes ces choses dans son cœur (Lc 2/19)…Pourquoi ne pas la voir enseignant à tous et toutes les chemins de la foi, l'accès nouveau à Dieu inauguré par le Christ ? Entendre Marie nous faire comprendre son absence comme une chance. Marie nous enseignant à désormais Le découvrir, Le reconnaître à l'œuvre par nos mains. Marie nous donnant goût à Le contempler pour que quelque chose de Ses yeux, de Son cœur deviennent les nôtres pour devenir Christ pour les autres. Regarder Marie transmettant ainsi son expérience du Christ son Fils et son Sauveur.

Dieu dit du bien de nous

Dans la 1ère lettre de saint Paul Apôtre aux Corinthiens au chapitre 1 versets 3 à 9

Première piste :

Ce texte contient un mot qui revient trois ou quatre fois selon la traduction, c'est le mot grâce.

- que la grâce soit avec vous.
- la grâce qu'Il vous a donnée.
- Il ne nous manque aucun don de la grâce (don spirituel dans la traduction liturgique).

Mais qu'est-ce que la grâce? On sent bien dans ce mot l'élément de gratuité, d'ailleurs associé au don. Mais est-ce quelque chose ? N'est-ce pas plutôt quelqu'un ? La grâce, c'est Dieu lui-même ! C'est cette communion avec le Christ dont parle le dernier verset.

Alors prenons d'abord du temps pour goûter cela et remplaçons ce mot par Dieu Lui-même :

- Dieu avec nous.
- Dieu qui nous a été donné.
- Il ne vous manque pas Dieu.

Cela permet d'élargir notre regard. Ce don que Dieu fait de Lui-même est donné à toutes et à tous. Il est pour toutes et tous. Comment pourrait-il en être autrement ? Ce don de Lui-même est donné même à ceux qui L'ignorent. L'Evangile des noces de Cana peut nous aider à comprendre cela : seuls les serviteurs connaissent la provenance du vin mais tous et toutes en profitent et en boivent. Ils sont tous bénéficiaires du don de la vie du Christ symbolisé par ce vin en abondance, mais seuls les servants connaissent le donateur. Sa bonté est vraiment pour tous.

Deuxième piste :

Si la grâce de Dieu est pour tous, elle l'est aussi pour moi. Le « nous » de ce texte pourrait nous éviter de croire que c'est aussi pour moi. C'est pourquoi, n'hésitons pas à lire ce texte en remplaçant les "nous" par des "je".
- *Que la grâce soit avec toi : Dieu avec moi*
- *La grâce qu'Il t'a donnée : Dieu qui m'est donné.*
- *Il ne te manque aucun don de la grâce : il ne me manque pas Dieu.*

Prier ainsi peut aider à se sentir concerné -e très personnellement par ce qui est dit là. Voilà ce que Dieu dit à chacun -e de nous par l'intermédiaire de Paul. En fait, c'est le regard que Dieu porte sur chacun -e de nous. Il dit du bien. Etonnant ! Laissons-nous étonner et surtout acceptons ce qu'Il dit, croyons ce qu'Il dit. Dieu est plus grand que notre cœur.

Troisième piste :

« *Vous avez toutes les richesses, toutes celles de la parole et toutes celles de la connaissance de Dieu* ».

Voilà une parole forte qui peut nous étonner aussi. Nous pouvons tellement avoir conscience de nos pauvretés plutôt que de nos richesses… Dieu continue à dire du bien de nous; Il est bon pour nous dans le regard qu'Il porte sur nous et sur chacun -e de nous ! Alors que faire ? Croire ce qu'Il me dit. Continuer à Lui demander d'ouvrir mes yeux sur toutes les richesses de la parole, de la connaissance de Dieu qu'Il a mises en moi.

Richesse de la parole : au début de l'Evangile de Jean, il nous est dit qu'au commencement était la Parole, donc l'acte même de parler est divin ! Prenons conscience de cela. Parler est don divin !

Parler, c'est participer à l'être même de Dieu. Oui, Sa bonté est bien pour toutes et tous !

Et si nous sommes chrétiens, la richesse de Sa parole, c'est Jésus-Christ Lui-même, car Dieu a tout dit, tout donné en Son Fils Jésus.

Entrer dans une Eucharistie spirituelle c'est-à-dire remercier, rendre grâce pour les richesses de la parole et de la connaissance de Dieu.

Dieu en mendiant de notre amitié

Dans le livre de l'Apocalypse au chapitre 3 verset 20

Voici, je me tiens à la porte et je frappe ; si quelqu'un entend ma voix et ouvre la porte, j'entrerai chez lui pour souper, moi près de lui et lui près de moi.

Première piste :
Regarder Celui qui se tient à la porte. Il est en attente, Il est sur le palier de ma porte. Mais en aucun cas Il ne va la forcer. Tant que je ne Lui aurais pas dit d'entrer, Il n'entrera pas. Il est dépendant de ma réponse. On parle de volonté de Dieu. Ici, on la voit ! Sa volonté c'est de proposer Son amitié. Mais Il sait que cela ne peut être que proposé, jamais imposé. C'est pourquoi, Il est comme mendiant à la porte de nos vies.

Deuxième piste :
Entendre les petits coups sur ma porte. Ils sont audibles mais discrets. Cela n'a rien à voir avec le martèlement d'une descente de police ! Ce sont de petits coups d'un amoureux qui dit avec respect son désir d'entrer.

Troisième piste :
Regarder ce qui se passe si on Lui ouvre : Il entre, Il est près de moi et moi près de Lui, nous prenons le repas ensemble. Goûter la proximité de cette relation, sa réciprocité, son égalité.
Ecouter le partage de ces deux ami -es.

Quatrième piste :
Regarder ce qui a permis que cela se passe ainsi. Un acte de liberté : avoir décidé d'entendre, avoir décidé d'ouvrir.

REMERCIEMENTS

Le premier remerciement que je veux adresser est à une Sainte : Thérèse Couderc, fondatrice des Religieuses de ND du Cénacle. En pleine 19ème siècle, elle a eu l'audace de créer un Institut religieux de femmes consacrées au service spirituel du prochain. Je la remercie car, entrant dans cet Institut, cela m'a permis de réaliser une partie de l'appel que j'avais dans le cœur : aider des personnes dans leur quête de Dieu par l'accompagnement, la prédication de retraites, la formation spirituelle, bref, aider des gens à faire une expérience personnelle de Dieu.

Ensuite, je veux remercier trois personnes tout particulièrement :
Suzanne Rousseau qui a répertorié ces textes.
Edith Lecomte qui a donné des heures de son temps à les mettre en forme.
Hélène Volcler, qui avec patience, a bien voulu veiller à l'orthographe.
A toutes les trois, un grand merci.

Table des matières

PREFACE..2
INTRODUCTION...4

CATECHESES BIBLIQUES...6
L'amour maternel de Dieu..7
Donne-moi de ta pauvreté...8
Offrir au Christ nos pauvretés...10
Un joug libérateur...12
Dieu en quête du trésor que nous sommes 14
L'ambition du Christ pour nous..16
Des bergers, une femme, un enfant..19
Notre identité de filles et fils avec le Fils 21
Le bon Samaritain, visage du Christ 23
La meilleure part pour toutes et tous..24
Jean-Baptiste, l'homme ajusté..26
Le passage du mépris à la confiance..29
De quelles noces s'agit-il ?...31
La femme de Samarie, apôtre du Christ...32
Le temple de Dieu, c'est nous..34
L'accueil difficile de l'invitation à renaitre..36
Un adultère spirituel...37
Des ténèbres à la lumière..39
Un itinéraire de foi..40
Marthe, amie, disciple et apôtre..41
Nos vies à l'image de la Trinité..43

LECTIO DIVINA...45
La désobéissance comme résistance au mal 47
Le monde, médiateur de notre amour pour Dieu 49
Offrir sa pauvreté 52
S'ouvrir à l'inattendu 55
L'amitié est une écoute réciproque 57
" Tu as du prix à mes yeux et je t'aime" 59

Une recherche mutuelle	61
Une bonne nouvelle pour toutes et tous	62
Dieu à l'image d'une mère qui n'abandonne jamais	64
"Merveille que je suis"	66
Le Très-Haut qui se fait Très-Bas	68
Une liberté à recevoir et à partager	70
Le bonheur de Jésus devient le nôtre	74
Un appel à penser	78
Un amour égal pour toutes et tous	80
Pas de fauteuil privilégié chez Jésus!	81
La Résurrection du Christ: pour quelle naissance en nous?	84
S'ouvrir à un don d'absolue gratuité	86
Dire le vrai et ne pas en vivre	90
Jésus l'époux de la nouveauté	93
M'abandonner au travail de Dieu	96
Se laisser aimer par Jésus	97
Dieu est dernier, au service et enfant	99
Jésus, éveilleur de désir	101
Notre vie est le lieu de Dieu	103
Rendre visite, un acte spirituel	106
Neuf mois pour enfanter une parole	108
Dieu dans la fragilité	110
Le don de Marie	113
Education à la liberté donnée par Marie et Joseph	116
Elargir l'espace de nos vies	118
Jouer sa vie sur le pardon	120
Pourquoi tant de rage?	124
Dieu à l'image d'un berger, d'une femme, d'un père	125
La victoire de Dieu crucifié	128
A l'école de Jean-Baptiste pour louer, respecter, servir	131
Absolue gratuité du Donateur	135
Aimer, être né de Dieu, naître d'En-Haut	139
Un pardon au risque de sa vie	141
"Paix à vous"	145

Nous sommes toutes et tous des Théophiles	150
Dieu dit du bien de nous	154
Dieu en mendiant de notre amitié	157
REMERCIEMENTS	159

Oui, je veux morebooks!

i want morebooks!

Buy your books fast and straightforward online - at one of world's fastest growing online book stores! Environmentally sound due to Print-on-Demand technologies.

Buy your books online at

www.get-morebooks.com

Achetez vos livres en ligne, vite et bien, sur l'une des librairies en ligne les plus performantes au monde!
En protégeant nos ressources et notre environnement grâce à l'impression à la demande.

La librairie en ligne pour acheter plus vite

www.morebooks.fr

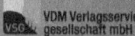 VDM Verlagsservicegesellschaft mbH
Heinrich-Böcking-Str. 6-8   Telefon: +49 681 3720 174   info@vdm-vsg.de
D - 66121 Saarbrücken   Telefax: +49 681 3720 1749   www.vdm-vsg.de

www.ingramcontent.com/pod-product-compliance
Lightning Source LLC
Chambersburg PA
CBHW032005220426
43664CB00005B/146